Life Is Hard:
How Philosophy Can Help Us Find Our Way

把壞日子過好

MIT教授的七堂哲學課，擺脫無能為力，找到前進的力量

面對痛苦太樂觀，是逃避現實；
面對困境過度抱持希望，是盲目；
唯有直視苦難、轉換想法，便能找到方向。

基倫・賽提亞
Kieran Setiya——著

謝明珊、羅亞琪——譯

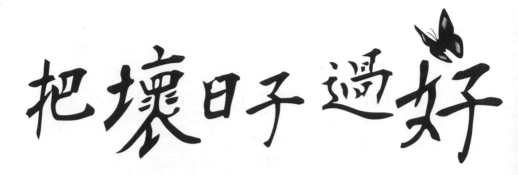

目錄

（序言）008

（概論）011

CHAPTER 1
（疾病）
刻意誇大無痛的好，會被疼痛困住。把疾病看成不速之客，根本沒必要理會，日常生活就會一如往常地過下去。
026

CHAPTER 2
(孤獨)

我們是社會的動物，一旦社交的需求沒有被滿足，人就會受苦。為了擺脫孤獨，反而更要關照別人的需求。光是關照別人（肯定別人人生的價值），就可以排解孤獨。

060

CHAPTER 3
(悲傷)

生命中有很多事情都值得悲傷，我們的目標是走過悲傷，而非抹煞悲傷。人走出悲傷的能力，跟社會支持有關，也和儀式有關，我們不必把悲傷遮滅，而是將情緒反應用不同方式呈現。

089

CHAPTER 4
(失敗)

成敗是偶然性的，重點是過程的價值。我們不以終點狀態來定義，就不會有成功或失敗，失敗也變得沒有那麼重要。

121

CHAPTER 5（不公）

你有沒有去對抗過不公？一次抗議或許無法改變現實，但它會為改變成功增加一點機率。

160

CHAPTER 6（荒謬）

不要永遠觀看人生好的那一面，或認為沮喪的看世界比較不快樂，我們必須在不公的每個層面取得進展，因為它能作為荒謬的解藥。

197

CHAPTER 7（希望）

對你自己能實現的東西產生希望並不合理；正是因為那是你無法掌控的，你才會退一步選擇希望。重要的不是希望，而是行動，好好地希望，意思是要對可能性抱持實在的態度，為了不讓那一絲潛在的行動力熄滅。

228

（ 注解 ） 1
（ 謝辭 ） 245

（序言）

本書發想於新冠疫情爆發之前，二〇二〇年夏天，世界分崩離析，我開始動筆，連續寫了十八個月。我是一位哲學家，經常探討一生該怎麼活。人生的試煉，從未如此迫在眉睫，所以我想好好認清現實。

隨著年紀漸長，我與困境的關係產生了變化。這些日子，困境離我的家門好近，衝擊我和我所愛的人的生活。喪親之痛、癌症、慢性疼痛等等，都在改變你看世界的方式。我年輕的時候比較健忘，需要有人特別提醒，我才會記得。我經常默默受苦，不刻意表達出來（哲學家維根斯坦給姐妹的話）。因此，所謂的「困境」往往是藏起來的。

我跟哲學的關係也變了。青少年時期，我喜愛形上學的抽象理論，樂於鑽研心靈和世界的基礎結構。

當年，哲學幫助我逃離日常生活。我至今依然崇拜哲學晦澀難解的那一面，我會捍衛到底。社會必須鼓勵大家去討論現實處境、我們在社會的定位，以及科學解決不了的問題，否則社會恐面臨嚴重耗竭。

不過，哲學不只有那一面，哲學還有更多的面向。我們研究哲學，成為論證的工匠，學習透過棘手的問題，來展開研究和推論。這就是我大學時代學會的，也是我這些年來，一直講授的東西。可是，我後來期待的哲學是更貼近生活的。我在研究所接受資格考，考官給我的意見很正面，但是我已經忘了他們的稱讚，只記得他們的批評。考官提醒我，我的文字並沒有受過「直接道德經驗的考驗」。我和朋友將這句話拿來開玩笑，但我一直忘不了這句話。我不覺得考官在否定我不成熟的理論，反而是他們覺得太脫離現實了。

什麼樣的哲學，才有受過「直接道德經驗的考驗」呢？這問題令人生畏。每個人的人生經驗，都沒有那麼寬廣或深厚，所以無法代表全人類。我的觀點也是有局限的，也有曲解之處和盲點。可是，難道沒有一種哲學，可以從個人生命出發，同時運用於論證和思想實驗，以及哲學理論和區分。如此一來，就可以打破論述和個人短文的分野，打破哲學和生命經驗的分界，我們會覺得哲學隨時可用，是度過人生逆境的好工具。我們會回歸「哲學」的真諦（愛智），把哲學當成一種生存之道。

我就是懷著這種心情，在這動盪的時期，寫了這本書。

（概論）

各位朋友，不得不說，人生好難。有些人又過得特別辛苦。下雨時，幸運的人可以在爐邊烘乾沾溼的衣物，但沒那麼幸運的人呢？全身會被暴風雨和傾盆大雨打溼。我這麼說，有字面的意思，也有象徵意義。全球剛度過疫情和大規模失業，氣候變遷的問題越演越烈，法西斯主義再起。這些災難的發生，使窮困者、弱者、受壓迫者這三種人，受到深深的傷害。

我的運氣一向很好，在英格蘭東北部的赫爾長大，過得還不錯。小時候我還是有遇到一些麻煩，但後來我愛上哲學，在劍橋念大學，再到美國念研究所，然後就在美國長期居住。我是麻省理工學院的哲學系教授，待在這特別的知名學府，財富和穩定的生活就無虞了。我買了房子，婚姻幸福，孩子比我聰明勇敢。我從來沒有挨餓過，也沒有流落街頭，也沒有碰過暴行或戰爭。然而，只要走到人生盡頭，沒有人可以逃過疾病、孤獨、失敗和悲痛。

我從二十七歲開始，就有慢性疼痛的毛病，它經常影響我的感官，反覆發作，時好時壞，感覺很困擾。我變得難以專注，有時甚至會睡不著。這個病沒有外顯的症狀，所以只有我自己明白，幾乎無人知曉（我會在第一章跟大家說明）。到了三十五歲，我的中年危機提早發作。人生看起來千篇一律，空虛至極，日復一日的成敗反覆發生，直至衰老而死。八年前，我母親罹患早發性阿茲海默症，偶爾會記憶衰退，突然當機。雖然她還活著，但我看了很悲痛。

我環顧周圍，看到好多人在受苦。我寫這本書的時候，正值新冠肺炎大流行，無數人被強制隔離，感到孤單和絕望。很多人失業了，付不出生活費。眼睜睜看著所愛的人生病或死亡，悲痛的情緒，四處蔓延。社會日益不平等，民主政體搖搖欲墜。新一波的風暴伺機而動，全球暖化的警鐘響起。

我們該怎麼辦？

人類的境況無解，但在過去二十年間，我持續講授和學習道德哲學。我相信，善用道德哲學，人類會有希望，我會在這本書中跟大家解釋。

雖然我將其稱為「道德哲學」，但這不只有道德義務。西元前三七五年，柏拉圖在《理想國》（*Republic*）寫到：「道德哲學辯論的主題並不平凡，主要圍繞著理想的生活方式。」道德哲學的主題無所不包，探討各項人生大事。哲學家會提出疑問：「怎麼做才能對全體有利？該懷抱什麼志向？該培養或尊重什麼美德？」哲學家會提供建議、互相辯論，最後提出理論，讓我們生而有據。道德哲學也有學術的一面，哲學家會探討抽象的問題，站在各自的立場互相爭辯；哲學家也會展開思想實驗，把熟悉的認知變得陌生。歷史上，哲學倫理學和「自助」沒有明顯的分野，大家大致同意，哲學對人生的反思，可以把生活變得更美好。

這些我都同意。只不過，想過美好生活的渴望，常隱含不切實際的目標：最美好或理想的生活。在《理想國》一書中，柏拉圖心目中的正義，是在烏托邦的城邦體制實現的，而非去對抗當下的不公不義。《尼各馬可倫理學》（*Nicomachean Ethics*）一書中，柏拉圖的學生亞里斯多德，甚至以「幸福」（eudaimonia）為目標，這是多麼崇高的至善啊！生活不只要過得好，還要選擇幸福的生活。亞里斯多德主張「每個人都要仿效神」：「不可以隨波逐流，只甘於當人，只想著凡塵，或者只甘於平凡，只想著俗世；反之，人要盡可能過最美好的生活。」他對於人生的反思，是幻想一個沒有缺陷或匱乏的人生，這是他心目中的天堂，就看你是否接受了。

雖然有少數的特例，但就連標準比較低的哲學家，也是把哲學理論建立在美好生活之上，而非苦難之上。他們關注喜悅，而非痛苦；關注愛，而非失落；關注成就，而非失敗。謝利．卡根（Shelly Kagan）創了「心理不康寧」（ill-being）這個詞，意指「直接導致人生走下坡的因素」。根據他的觀察，「一般人只探討心理康寧，總忽略心理不康寧。」大家「偏重正向思考的力量」，強調人要相信自己期望的人生，不可以只想著風浪和磨難。就連古代的斯多葛學派哲學家，表面上探討如何度過人生的逆境，心態卻出奇的樂觀，深信無論是什麼情況，我們都會好好地活著，心理康寧與否，完全操之在己。上述這些思想，總以為追求良善，便可以壓制苦難。

本書正是要推翻這種想法。我們不可能看到苦難後轉頭就走，最美好的生活，往往遙不可及。若硬要強求，只會心灰意冷。

如果你也這樣想，別人可能會覺得你古怪、你生性悲觀。那又何妨呢？「過最美好的生活」，並不會培養韌性；你應該做的是「面對現實」。大家想必有過這種經驗：跟朋友訴說自己正在面對的難題，可能是職場或親密關係出問題，或者健康亮紅燈，朋友會立刻安撫你，告訴你：「別擔心，你會好好的！」或者急著給建議。可是這種回應並無法安慰你，你會有被否定的感覺，對方似乎在否認你的經歷。從這些例子看來，不管是安撫和建議，都是在否認對方的痛苦。

比否認更糟糕的，就是拼命為苦難找藉口，說什麼「每件事情發生都有它的理由」，然而，事實絕非如此。哲學家用「神義論」一詞，來解釋世事的不完美。神義論會探討邪惡：如果神全能仁慈，人世間怎麼會有這麼多壞事？神義論有自己的生命，跳脫了狹義的有神論或宗教教義。當我們抱怨某件不該發生的事，就是在探討邪惡；當我們相信一切都是最好的安排，無論跟宗教有沒有關係，都是在主張神義論。

神義論大有問題，不只是邏輯出錯（論點不成立），道德也有瑕疵。為自己或別人的苦難找理由，等於拒絕了同情或抱怨，這樣是不對的。現在最知名的神義論，多半是那樣的作風。《約伯記》（*Book of Job*）的非難天使一直鼓吹上帝，去測試「完美正直的人」，殺了他的兒女，破壞他的財產，讓他全身都長滿瘡，「從頭皮到腳掌無一倖免」，他只好從塵土之中，找一個陶器碎片來抓癢。約伯的朋友卻一口咬定，這是約伯自找的，他一定是有什麼不可告人的罪狀，才會遭到這種懲罰。上帝責怪約伯的朋友「捏造不實的言論」，約伯為自己辯駁，說自己是無辜的。《約伯記》以膚淺的救贖作結，上帝把財產都歸還給約伯——「包括一萬四千隻綿羊，六千隻駱駝，一千個牛軛，一千隻驢子」，他的七個兒子和三個女兒也平安歸來，神義論澈底失敗了。約伯失去子女的傷痛，怎麼可能就此了結呢？真是太扭曲了！

《約伯書》教會我們的事情，難道是忍受磨難，培養美德嗎？不是的。我們從中學習到，朋友看到約伯受苦，不應該在那邊找理由，《約伯書》中，從頭到尾說真話的人，就只有約伯而已。約伯說，沒有人應當受苦。我不是在否定神的存在，但我確實不信神。人生的痛苦無止盡，隨處可見，就算真的有神，對自己和別人仍要有慈悲心。

這就是我們的處境：我們所繼承的思想傳統，一直鼓勵我們去看見人生的美好，但人生各個層面並不容易，一想到就令人苦惱。我們要張大眼睛，勇於面對苦難，包括疾病、孤獨、傷痛、失敗、不公不義、不合理。我們不可以眨眼睛，反而要仔細看清楚。越是苦惱，越要承認現實。

這就是本書的初衷。這是一份地圖，幫助你探索崎嶇的人生道路。這也是一本手冊，介紹各種苦難，從個人的創傷，再到全球的不公不義和荒誕之事。每一章我都會跟古代哲人辯論，有時甚至會挑他們的毛病。然而，古代哲人探討逆境，大致就是觀察。小說家兼哲學家的愛麗絲·梅鐸（Iris Murdoch）寫到，「我只能在我『看得見』的世界做選擇，至於道德層面的『看得見』，會觸發道德想像和道德努力。」描述比起辯論，「觀察」更能夠提供人生指引，教大家如何感受和行動。不過，光是要描述現實，就要花一些功夫。哲學與文學、歷史、回憶錄、電影都是相連的。我手邊有什麼素材，就盡量列舉出來。

我之前說過，道德哲學和自助一向關係密切，這本書也是繼承這個傳統。當我們反思人類處境的缺憾，可以減輕傷害，過更有意義的生活。如果你心中的自助功能書，會提供你「平撫傷痛的五大祕訣」，或者教導你「不用試就成功」，這本書想必會令你失望。這本書探討人生的困頓，不會引用抽象的理論，或者已逝哲學家的學說。沒有神奇信念，沒有速成辦法，有的只是靠著耐心，提供大家慰藉。在此引用羅伯特·福斯特（Robert Frost）的詩句，說到人類的苦難：「你無法逃避，你只能通過」。

我提出兩盞明燈，為大家照亮前路。首先，活得快樂，不等於好好活著。一個追求快樂的人，如果老想著逆境，當然快樂不起來，但人生的目標不應該只有快樂。快樂是一種心情或感受，個人主觀理解的狀態。活在謊言裡，也可能很快樂呀！有人為了維持瑪雅的生命，把她泡在液體中，腦部插滿了電極，每天餵養她的意識流，幫助她過著看似理想生活。瑪雅是快樂的，但這樣的人生，過得並不好。她想做的事情，並未盡力完成；她也不太理解自己的想法；她也不跟任何人或物互動，她只跟機器連結。你絕對不希望自己所愛之人，過著這樣的人生，就像關在大盆子裡，始終孤孤單單，遭到矇騙。

事實上，當我們想要過得快樂，就不可能好好活著。哲學家尼采（Friedrich Nietzsche）妙語如珠，他說：「人『不』追求快樂，只有英國人才追求快樂。」這個說法讓好多思想家都中槍了，包括傑瑞米．邊沁（Jeremy Bentham）和約翰．史都華．彌爾（John Stuart Mill），這些人只注重享樂，把快樂看得比苦痛重要。我的意思不是說，我們要追求『不』快樂，或者對快樂不感興趣，但人生沒有那麼簡單，不是只有個人感受而已。我們身而為人，必須勇於面對逆境，唯一的辦法，就是面對現實。我們要活在真實的世界，而非期望的世界。

至於第二盞明燈，若想要好好活著，不可以自私自利，罔顧正義，或者把自己跟別人分得一清二楚。這本書會一再重申，就連個人的煩惱（個人的苦難、孤獨或沮喪），都有倫理道德的成分，跟慈悲心緊緊相扣，跟人類生命價值息息相關，也關乎成敗的意識形態（有時候太在乎成敗，會模糊掉不公不義）。真誠反思自己人生中的苦惱，才不會自戀自利，反而會開始關懷別人。

我們換個方式說。柏拉圖的《理想國》一書中，蘇格拉底提到一位正直的人，最後聲敗名裂，遭到他人不實的指控——「被鞭笞、綁在刑架上，手腳全被拴住了！熊熊火光，導致他視力模糊」，但他明明沒有做錯事。對柏拉圖來說，這個人有好好活著，但亞里斯多德倒不這麼想。「做該做的事，做正確的事」，正是亞里斯多德所謂「善的實踐」（eupraxia），但還有另一種人生，就是活出你應當想活的樣子。柏拉圖筆下的受難者，只做到了「善的實踐」。雖然他做對的事，卻沒有任何人想活得跟他一樣。他為了做對的事情，付出慘烈的代價。

亞里斯多德的觀點有瑕疵。他真正的問題，不是刻意區分「善的實踐」和應當想過的人生，而是他強調如果有選擇的機會，人要活出應當想活的樣子，而非在現實許可的範圍，過著尚可的生活。本書所謂的「好好地活著」，不僅要面對人生的辛苦，還要活出值得自己喜愛的人生。哲學並無法許你快樂，保證你過著理想的生活，但哲學會減輕苦難的重擔。我會先探討身體的脆弱，然後是愛與失落，再來是社會結構，最後以「其餘整個宇宙」作結。先提醒一下：如果想知道人生的意義，答案在第六章。

第一章的話題，令人不太愉快：身障或疼痛，究竟對我們有何影響？我會清楚說明，大家對於身障（以及身體老化而逐漸失能）的影響，通常有什麼誤解。社運人士都說了，身障的人，生活不一定會變差，真正的問題是出在社會偏見，或者缺乏無障礙設施。社運人士的觀點，碰上亞里斯多德虛幻的理想生活（無所缺憾的生活），往往黯然失色，可是亞里斯多德的理想生活毫無條理可言，反而是社運人士有講到重點。從身障談到身體疼痛，哲學是有局限的，但哲學會幫助大家理解，為什麼疼痛有害，這個問題比表面看上去更複雜。雖然疼痛造成了傷害，但只要願意表達並理解，痛苦的人會感到安慰，這就是慈悲心的基礎。

除了肉體疼痛，還有心理疼痛，包括孤立、失落和失敗，所以第二章探討孤獨。

我們的社會該解決唯我論（只有看到我）的問題，學會把人看成社交的動物。雖然孤獨有害，但也證明了我們需要友誼和其他人，有了這份體認，愛、慈悲、尊重都有相同的源頭。怪不得關懷別人的需要，會舒緩內心的孤獨感。

友誼和愛也有黑暗面，讓我們有悲痛的可能。第三章探討各面向的失落，可能是關係的結束（我會提到撕破臉的分手），也可能是人生的終結。大家看了會明白，因為有愛，才會有悲痛，所以不快樂本身，就是好好活著的證明。第三章最後，有一個難解的謎題，跟情緒和哲學都有關聯。如果愛人死亡是值得悲傷的事，但愛人永遠活不過來了，我們難道就應該永遠悲傷嗎？我會指出理智的局限，在處理悲痛這一塊，哀悼比理智更管用。

第四章探討個人失敗。我們會花時間認識狂熱的佛教徒，以及杜斯妥也夫斯基的小說《白癡》（*The Idiot*）中，一位名叫梅什金親王（Prince Myshkin）的主角，以及棒球界的拉夫．布蘭卡（Ralph Branca）。完整統一的敘事實在太誘人了，攸關我們的「成」與「敗」。我們應該抗拒完整統一敘事的誘惑，不以簡單線性的方式描述人生，也不把計畫看得比過程重要。不過，我再重申一次，理智仍有局限。我提議的改變，並不是下定決心就好了，我們不僅要做好份內之事，還要對抗成就導向的意識形態，因為這種衡量標準本身，就會姑息財富和社會的不平等。

因此，個人的失敗，跟不公義的問題有關，也就是這本書最後三分之一的內容。第五章會探討評論家約翰．伯格（John Berger）的名言：「不追求正義，人世間就沒有快樂可言。」我會援引柏拉圖的《理想國》，還有狄奧多．阿多諾（Theodor Adorno）和西蒙．韋伊（Simone Weil）的哲學理論，證明不公義的生活再怎麼快樂，也稱不上好好活著。沒有深奧的論證，只有「環顧」周圍的世界，關懷我們和別人人生中的磨難。由此可見，本書的前半部有道德目的，先理解個人的苦難，才得以理解更大的苦難。第五章最後，我建議大家，負起對正義的責任，一步步朝著正義邁進。

最後一章讓我們關注整個宇宙，以及全人類的未來。我會跟大家解釋，為什麼追求正義會賦予人生意義？為什麼意義掌握在我們手中？哲學界荒誕的存在問題，頓時跟氣候變遷兜上了，儘管內心焦慮，仍要立刻採取行動。不過，終究會有希望，即使潘朵拉的盒子中，充滿了人生的不幸，但希望仍占有一席之地。我克服自己的矛盾心理，就會發現希望的用處。

這本書的終極目標，是把厄運的傷害降到最低。我會建議大家，該怎麼走過逆境，從身體疼痛到結交新朋友；從哀痛失落到優雅跌倒；從負起不公義的責任，再到追尋生命意義。人生並沒有簡單的公式，我有的只是故事、比喻和想法。有些是借用他人的例子，有些是我自創的，我會盡量做到坦白和仁慈，關心人類面對的問題，從我的發現中學習。哲學不是死板的推論，也不是論述的工具。當你翻閱這本書，除了論述之外，還能看到更多的面向，我希望我描述的人類境況，可以疏導慾望。我不是在藐視抽象推論，我只是想說，哲學家也是有感情的。

英國哲學家伯納德　威廉士（Bernard Williams）的著作《道德》（*Morality*），曾告戒大家：「寫道德哲學是一門危險的工作，除了主題不好寫，以及一般寫作障礙，還有兩個特殊的原因。第一個原因是比起其他哲學，更容易曝露個人觀點的局限和不足。第二個原因是如果讀者看得太認真，有可能在重要事項誤入歧途。」他說得沒錯，但其他作法更糟糕，例如：漠不關心或吹毛求疵。哲學家在描述人類境況時，不免要揭露自己，這本書恐怕也會如此，我說恐怕，不是在擔憂，而是自我期許。

CHAPTER

1

（疾病）

如果你生病了，連醫生都束手無策，絕對會令你永生難忘。醫生會告訴你：不用再檢查了、不用再治療了，接下來，只能靠你自己。我二十七歲時就遇到這種事，我得的是一種慢性疼痛。大家在人生中，不免會走到這一步，終而失能，甚或死亡。脆弱的身體，也是人類的境況之一。

我忘記當時是看哪一部電影，只記得是在橡樹劇院（The Oaks）——一家位於匹茲堡郊區的藝術電影院。突然間，我身側一陣刺痛，忍不住想小便。我上完洗手間後，感覺好多了，但鼠蹊部還是感到緊緊的。過了幾個小時，大約凌晨一、兩點，我又開始感到刺痛，想要去小便。我上完洗手間，依然沒有改善，真是惡夢一場。然而疼痛一直持續著，不管身體怎麼調適也沒用。我整晚都在跑廁所，處於將睡未睡的幻覺狀態。我再怎麼小便，也無法關掉身體的警報。

隔天一大早，我做了明智的決定，馬上去看家庭醫生。他推測我是泌尿道感染，便開抗生素給我。後來檢驗結果出爐，我是陰性，接著繼續檢驗其他的病症，依然是陰性。但疼痛絲毫沒有減輕，從那之後，我就記不清時間軸了。我記憶力不好，醫院的規矩又太多，十一年前我搬離匹茲堡，懶得把病例轉到麻省理工學院。

可是，有幾件大事，我永生難忘。第一件事是我插導尿管，做尿路動力學檢查。我要喝掉一大桶水，逼自己對著機器小便，檢測我排尿的速率和流量。結果一切正常。第二件事是做膀胱鏡檢查，有一位看起來上任不久的泌尿科醫生，手持舊型膀胱鏡，一根長長的，像收音機天線，將其慢慢導入我的尿管，令人痛苦難忍。我肯定有什麼問題，但檢驗結果仍是陰性，沒有臨床介入的必要，也沒有任何明顯的病灶或感染。那天早晨，診所的病人應該很多，由於我的檢查毫無問題，醫護人員差點忘了我。我連忙整理儀容，默默離開。我步履蹣跚，沿著富比世大道，走去我上班的歌德式摩天大樓。匹茲堡當地的學習大教堂，宛如巨大的陽具，雄霸一方，而我褲襠裡正在淌血！

我在匹茲堡找了另一位泌尿科醫師，做最後一次諮詢，那時候的我，已經開始習慣「我的症狀」。即使身體不適，我依然睡得著。我繼續過日子，將疼痛視若無睹。泌尿科醫師建議我：「就這樣維持下去吧，我不知該作何解釋。」他說：「這似乎沒有明確的原因，像你這樣的人還不少，你就設法忽略它吧。」他開了低劑量的善痛眠（Neurontin），這是一種鎮痙劑，可治療神經痛，有助眠效果，他就這樣把我打發走了。我至今仍在懷疑，那個藥是不是安慰劑，但吃了似乎有效，但過了幾年，我就自行停藥了，也沒有什麼影響。

就這樣，大約過了十三年，沒有診斷，也沒有治療。我盡量忽視那疼痛，埋首工作，老是提心吊膽，擔心它突然發作。我會睡不著覺，但我還是照常過日子。那段期間，我的家人也在受苦。二〇〇八年，我的岳母蘇珊・古巴（Susan Gubar）診斷出卵巢癌三期，她是作家兼批評家，曾經跟珊卓・吉伯特（Sandra Gilbert）合寫《閣樓上的瘋女人：女作家與十九世紀文學想像》（*The Madwoman in the Attic*），這本書堪稱是女性主義經典，開篇就問：「筆是不是有陽具的隱喻？」她出於本能，靠寫作來消化她的疾病，以直接精準的筆鋒，描述迂迴的「卵巢減積」手術，她先拿掉可見的腫瘤，緊接著做化療，她忍痛埋了引流管，仍無法緩解術後感染，後來她還做了腸造口。她在回憶錄《歷經卵巢切除術的女人》（*Memoir of a Debulked Woman*）中，提及一些跟疾病奮戰的作家和藝術家，例如：維吉尼亞·吳爾芙（**Virginia Woolf**）。吳爾芙寫了《在病中》（*On Being Ill*）一書，痛批文學不太去刻畫病痛。吳爾芙本人對病痛的描述，也只有點到為止。小說家希拉蕊·曼特爾（**Hilary Mantel**）描述自己接受粗暴的手術，寫了《跟魔鬼見面》（*Meeting the Devil*）一書，順便抱怨起吳爾芙，「從她的書看來，我還以為她沒有腸子呢！」面對吳爾芙省略的內容，蘇珊的書倒是補上了，她向大家坦白，她做完卵巢減積手術後，失去超過一呎長的腸子，不利於排便，也擔心自己會大便失禁。而且有長達十七天的時間，身上埋了沒用的引流管，「痛不欲生」的她還做了「腸造口」，糞便從胃部直接排到造口，她也因為癌症和治療，長期不良於行。她寫道：「做完最後一次化療，過了一年多，我的腳還是麻的，只要站個幾分鐘，就感到疼痛疲累。」儘管如此，她還是排除萬難活下來了，雖然第三輪化療無效，但還好新藥試驗有效。

她的女兒，也就是我的老婆梅拉，也在同一時間，左卵巢長了畸胎瘤，這是會長頭髮和牙齒的腫瘤，必須動手術拿掉。她有高度的乳癌和卵巢癌風險，繼承她母親的 **BRCA 2** 基因（乳腺癌二號基因），需要定期篩檢。我的岳父也動了開心手術，至於我在英國的母親，也診斷出早發的阿茲海默症。

我列出這些人生考驗，不是因為我們家特別不幸，這一點我很確定。每個人都會面臨人生的無常，例如生病和失能。各位的周遭想必都有人罹患癌症、心臟病和慢性疼痛。新冠肺炎期間，我們有親朋好友確診了、病逝了，而且是在隔離的情況下。健康的身體，說沒就沒了。沒了健康，就沒了一切，這一點任誰也無法忽視。再怎麼強健的人，也會逐漸老化、身體失能，再也不能歸到「暫時體格健全」的人口族群。既然有老化的一天，就必須關注身障的議題。所謂非理想的人生哲學，並不會奢望身體無病無痛，而是會去思考，該如何跟微恙的身體共存。

近來醫療哲學最主要的課題，是注意用字遣詞。所謂的健康，意指身體和各個部位都正常運作。哲學家也開始去對照疾病（disease）和病痛（illness）兩字——疾病是身體機能不全；病痛是生病之後，對生命經驗的負面影響。疾病跟生物層面有關；病痛至少有一部分，關乎現象學，也就是生命的感受。哲學家說，疾病會不會破壞生活，其實有「偶然」的成分。身體機能不全的人，可以把生活過得多好，要看受到的衝擊有多大，這又取決於個人運氣和社會條件。如果有錢服藥，就算罹患重病，比方第一型糖尿病，也不會有多大的病痛，但如果沒錢就醫，一點小感染或腹瀉，也可能丟了性命。由此可見，病痛比疾病更不平等，會受到財富、種族和國籍的影響。

說到身障議題，就更微妙了，這包括長期的身障，或者因老化而逐漸造成身障。最近幾十年，身障理論家呼籲從社會的角度，來理解身障。羅森瑪莉・葛蘭・湯姆森（Rosemarie Garland-Thomson）在《特異的身體》（*Extraordinary Bodies*）一書中，「刻意把身障的議題，從醫學領域帶到政治少數群體的討論」。多虧這些政治少數群體的著作，美國才能夠通過《美國身障人法案》，英國也通過《身障歧視條例》。身障是民權奮鬥的一大目標。

這些概念也是花了一段時間，才進入我們哲學的領域，哲學家伊莉莎白．巴恩斯（Elizabeth Barnes）的新書也說了：「身障並不代表身體有缺陷，而是這樣的身體只占少數」。葛蘭．湯姆森和巴恩斯的看法不盡相同，對於身障的性質或「形而上學」有不同的看法，但仍有共通點（身障理論家和社運人士也是如此）：要不是有社會偏見，要不是缺乏無障礙設施，身障問題也不一定會破壞生活。身障對當事人有害，就好比在恐同文化，同性戀者的性向也對當事人有害，但這是社會失靈所致，而非天生必然的結果。身障本身，不一定會妨礙我們好好過生活。

這種觀點引發了疑惑和抗拒。哲學家大多把身障視為典型的損害或傷害，更何況身體健全的人，只要想到有可能耳聾、失明、不良於行，就滿懷恐懼。縱使有這些曲解，但社運人士確實說對了：如果無障礙設施做得好，就算有身障問題，也可以跟普通人一樣過日子。

既然身障是外顯的機能不全，那就是偏向疾病，而非病痛。身體機能不全跟生物層面有關，對生命經驗的衝擊是偶然的，受制於各種條件。因此，身障不必然有害處。若身障降低了生活品質，是因為生活方式遭到衝擊。中國道家寓言「塞翁失馬」，寓意就更大了，這是我從喬恩・J・穆斯（Jon・J・Muth）的繪本《短暫的靜思人生故事》（*Zen Shorts*）中讀到的。有一個農夫的馬走失了，鄰居深表同情：「運氣真不好呀！」農夫回答了：「或許吧。」後來走失的那匹馬，竟然帶了一匹野馬回來。鄰居又說了：「運氣真好呢！」農夫回答了：「或許吧。」農夫的兒子想騎那匹野馬，卻摔斷了腿。鄰居又說了：「運氣真不好呀！」農夫又回了：「或許吧。」農夫的兒子瘸了腿，沒有被徵召去從軍打仗。鄰居又說了：「運氣真好呢！」農夫回答了：「或許吧。」

事情的好壞，視情況而定。身障究竟會提高還是降低生活品質，取決於它對生活的影響。有大量的證據指出，就算世界沒那麼友善，身障人士內心的幸福感，並沒有比一般人低很多。近期調查出結論，「無數研究證實了，有一系列身障的人，生活樂趣並沒有大幅降低，或者永久降低。」

大家聽了這些，還是有些疑惑。不良於行，勢必要坐輪椅。眼睛看不見，或耳朵聽不見，就會跟美好的事物絕緣了，例如：獨自登山的喜悅、美麗的景色、悅耳的鳥鳴。身障確實傷害了感官，但是大家還記得「塞翁失馬」的故事嗎？雖然有害處，卻可能有附帶的好處。有人就會說，這些感官也很重要呀，有身障的問題，生活品質怎麼可能不降低呢？無法享受美好的事物，人生怎麼會美好呢？

有這些疑惑，是因為誤解了美好生活。自古以來的哲學家，從亞里斯多德就有這個毛病。亞里斯多德真正的問題，不是滿腦子的理想生活（凡是有選擇的人，都應該選擇的生活），也不是他認為身障人士不可能好好活著，反之，他錯在對理想生活的定義是「沒有缺憾」。既然是「大家最嚮往的生活」，就沒有必要再錦上添花。亞里斯多德說：「『幸福』（eudaimonia）已經是最好的，就算有什麼遺漏，仍是最好的；補上了遺漏，就是好上加好。」這也難怪亞里斯多德只認同單一的理想生活，只強調單一的活動（沉思），結果呢？大家讀了《尼各馬可倫理學》（*Nicomachean*

Ethics）前九冊，只覺得他心目中理想的生活，根本就是成功政治家的人生。

當代作家寫「自助」的主題，把亞里斯多德收編進來，總算壓制了他的偏執。心理學家強納森・海德特（**Jonathan Haidt**）便是一例：「亞里斯多德說，心理康寧或幸福是靈魂活動，展現了卓越或美德，但他說的不是濟貧或壓抑個人性慾。反之，他所謂的美好生活，要能夠發揮強項、實現潛能、順應本性。」但除了性解放這一點，亞里斯多德是不會同意的。對亞里斯多德而言，幸福是追求智慧的生活、沉思宇宙和宇宙法則。幸福也是實踐美德的生活，包括勇氣、節制、寬大、正義、友誼和驕傲，再加上時運。亞里斯多德忽略的是，每個人有各自的天賦、利益和品味，會活出豐富多元的人生，雖然稱不上美好生活，但至少夠好了。

妄想如此完美的人生，什麼都不缺，深信只有一條發展道路。這些觀念並不可取。我心目中的英雄，會盡量過好生活，但他們的生活並不完美，正因為如此，才突顯彼此的差異，包括：馬丁・路德（**Martin Luther King, Jr**）、艾瑞斯・梅鐸（**Iris Murdoch**）、比爾・威克（**Bill Veeck**）；一位有遠見的政治家兼社運人士；一位小說家兼哲學家；一位棒球隊經理……我還可以說出更多人，這遍及各行各業，包括我的老師D·H·梅勒（D. H. Mellor）、猶太宗教領袖希樂爾長老（Rabbi Hillel）、科學家居里夫人（Marie Curie）……你大可列出自己的名單。我敢打包票，大家都活得不太一樣。

亞里斯多德倫理學問世多年後，美好生活的定義百花齊放，大家愛做的事也不再只有沉思或治國，有好多事情都值得去做，例如：音樂、文學、電視、電影、運動、遊戲、跟親朋好友聊天，還有無數重要的職業，例如：醫師、護士、老師、農夫、清潔人員、商業創新、純科學和應用科學……甚至哲學。

我們也不要全盤推翻亞里斯多德。雖然他獨鍾一種理想生活，有失公允，但他確實說對了，有些事情值得做，有些事情不值得做。赫爾曼·梅爾維爾（Herman Melville）的短篇小說《錄事巴托比：華爾街的故事》（*Bartleby, the Scrivener*）中，有一位自滿的律師出於善意，雇用了神祕兮兮的巴托比，擔任他的抄寫員。突然間故事一轉，巴托比拒絕做校對。巴托比聽到老闆的要求，「以異常溫和堅定的口吻回覆：『恕難從命。』」情況急轉直下。巴托比一直說「恕難從命」，卻不給任何理由。他只吃薑餅，他不跟同事聊天，不去郵局看信，不幫忙律師拿膠帶，但也不離開公司。巴托比直接住在辦公室，也不願跟別人解釋他的生活，他只想要靜一靜；老闆辭退他，他堅持不辭職；他不做抄寫工作，也不願跟律師有共用空間或另覓新工作；人家要送他去坐牢，他連食物都不吃，最後活活餓死。我們可能會同情巴托比，但他的渴望毫無道理可言。

因此，每一個偏好並不平等，渴望也要有限度。人在限度之內，有無數種發展方式，可以做無限多的事情。一旦我們內化多元主義，以後再聽到亞里斯多德說，有一種美好的生活是「毫無缺憾」，便會覺得過於荒謬了。照他這樣說，我列舉的那些人生，豈不是錯了？因為這些人生都有各自的缺陷和疏忽，然而人不應該拼命去做每一件好事，熱愛每一種音樂、文學和藝術，從事每一種運動，培養每一種興趣，同時身兼工友、護理師、教授、詩人和牧師。

馬克思（Karl Marx）寫到，「在共產社會……我可以今天做這件事，明天做別的事。早上去狩獵，下午去捕魚，傍晚去養牛，晚餐時間當個評論家，隨心所欲。」一但就連馬克思也沒有要求大家都這樣生活。一件重要的事情，不代表人人都該做、都必須做，我們最多只要尊重它，相信它值得保存。如果你對自由爵士樂、古典鋼琴或死亡金屬音樂沒興趣，那也沒有關係，每個人都有不同的偏好，但我們還是要保存這些事物，讓別人得以享受。事實上，美好生活是有選擇性的、有限的、片段的，有它美好的一面、也有它遺漏的一面，但絕對無損它的美好。我不懂得欣賞前拉斐爾派，不知道怎麼蓋圍籬，並不會破壞我的人生，因為我還會做其他事。

我再碎碎念一次：這就是為什麼在大多數情況下，身障並不會妨礙過美好生活。雖然有身障問題，可能做不了重要的事，這是一個害處，然而沒有任何人有能力或有餘裕，去做每一件重要的事。更何況，不做大多數重要的事也無妨。身障人士為人生創造的價值，並沒有比一般人來得少，有時候甚至是更多的。

球團經營鬼才比爾・威克，是從爆米花攤販起家，當時他父親是球隊總裁，後來威克繼承父業，擁有好幾支球隊，擔任球隊經理，舉凡小聯盟的密爾瓦基釀酒人隊，以及大聯盟的克里夫蘭守護者隊、聖路易紅雀隊、芝加哥白襪隊。威克想在棒球界消除種族隔離，讓美聯簽下第一位黑人球員。即使他的球隊輸球，他也會為球迷製造歡樂，在球局之間的空檔，進行一些餘興節目，後來成了球賽的常態，例如：音樂表演、特技表演或與觀眾互動。他也努力讓球隊贏球，克里夫蘭守護者隊在一九四八年奪冠，而後白襪隊在一九五九年奪冠。威克也率先安裝了「煙火計分板」，每次白襪隊打出全壘打，就會施放美麗的煙火。他做了這麼多事情，但當年的他，正在對抗第二次世界大戰留下的傷，他還因此截肢右腳，最後失去大部分的腿。

哈里特・麥克布萊德・強森（Harriet McBryde Johnson）天生就罹患肌營養不良症，長大成為律師，為身障人士奔走。沒想到過了中年，雙腿竟無法行走，手臂也動不了，吞嚥不了大部分的液態食物，但是強森的回憶錄，記錄了無數熱鬧的故事，她去抗議裘利路易肌營養不良症馬拉松（Jerry Lewis Muscular Dystrophy Telethon），她去競選查爾斯頓地方議員、去古巴遊玩、接受《紐約時報》的拍攝邀請，甚至跟哲學家彼得・辛格（Peter Singer）進行辯論，因為辛格呼籲，如果生出像強森這樣的孩子，父母應該要有「安樂死」的權利。強森對辛格的回應簡潔有力：「我們有活得比較差嗎？我倒不這麼想，從任何層面來看，都沒有比較差，變數實在太多了。」說到好好的活著，有太多的樣貌、太多的偶然。

關於韌性的研究，背後有哲學的基礎，這可以解釋並證實身障人士，通常不會過得比一般人差。覺得難以置信嗎？我有兩點要說。第一，我們要捫心自問，為什麼我們會認為，身障人士就過得比較差呢？我們單純是基於恐懼和偏見嗎？還是握有重要的證據？（強森和辛格的辯論，就是倫理教育的教材，大家都應該讀一讀）。第二，我們要考慮幾個複雜因素。首先是比較身障的狀態（being disabled），以及變成身障的過程（becoming disabled）。雖然有身障問題，也可以過美好生活，但成為身障人士的過程，可能會造成創傷，這種情況很常見。不過，實證資料顯示，這些創傷遠比想像的還要快痊癒。

有些懷疑論的哲學家，可能會有個疑問。既然身障問題並不會破壞生活品質，為什麼不能把身障問題加諸於別人身上呢？這個問題還滿有道理的。一來，人要適應身障生活並不容易。二來，我們不應該干預別人的身體自主權，不管這個傷害大不大。除此之外，我還有話要說。如果你傷害別人是為了減少其他傷害，那可能就無妨；反之，比方從失火的汽車殘骸中救人，不得不砍斷對方的腿，如果結果會變得更糟，就不應該傷害別人。哲學家錫拿・席弗林（Seana Shiffrin）做了一個刁鑽的思想實驗，想像有個人坐在直升機上，朝著始料未及的受難者投擲無數的金條，砸傷了他們的頭顱和四肢。收到這種大禮，可能會很開心，卻會被砸傷。雖然傷口會復原，金條可以支付醫藥費，還可以存下一點錢，但這種作法是錯的。同理可證，致人身殘，就是在傷害別人——比方會失去視力、聽力或行動力。在沒有對方的同意下，做了這樣的事情，即使對方的生活不會變得更糟，也是不對的。

我們還要考慮最後一個複雜因素，也是最重要的一個。目前為止所探討的身障問題，都只是簡單的歸納、一般的情況、大致的通則，但我並不否認有些身障問題是特別煎熬的，可能會衝擊個人生活。如果身障嚴重限制你的活動，導致你的人生毫無價值可言，這傷害是很大的，恐怕永遠適應不了。這時候就更需要良好的無障礙設施，社會要發揮集體的力量，讓身障人士得以就業、受教育和享受社會機會。真正的問題是身體不適應社會環境，但環境可以改變。學校和雇主必須給身障人士方便，讓身障人士有充足的資源，建築物有無障礙設計。社會政策也要有所調整，幫助身障人士活出多元尚可的生活。

就算做到這樣，仍太簡化了。從字源的角度切入，身障意指身體機能不全，因而缺乏或喪失部分能力。可是我說過，得不到某件好東西，不一定會過得不好。隨著年華老去，每個人都要經歷並忍受失能，但大部分的身障和病痛還有另一面。除了失能之外，還要忍受身體疼痛。雖然研究證實，身障人士的生活並沒有想像中可怕，但總有例外。經濟哲學家艾瑞克，安格納（Erik Angner）針對老年人做調查，結果發現「客觀（健康）條件跟幸福度無關，但有兩個例外……一是令人虛弱的疼痛，二是尿失禁，生活的幸福度確實會比較低。」

每一種病症幾乎都免不了失能和疼痛。無論是癌症、中風、糖尿病或暫時的疾病（例如新冠肺炎），不外乎有幾個要素：身體功能喪失、身體承受痛苦，以及連帶的焦慮感（例如害怕死亡）。老化也有類似的元素。等我們探討悲傷和希望，還會再聊到死亡的恐懼。現在先探討病症的具象，一是身障，二是疼痛。

我本身沒有身障問題，所以目前為止的討論，都來自二手資料。寫自己沒經歷過的事情，勢必會有風險和問題。至於身體機能不全的問題，還好不是每個人都會經歷過，但會有少數幾人經歷過。我有疼痛的經驗，清楚疼痛的特性，可以從幸運的人生來描述疼痛的意義。

我有十三年的時間，病情維持穩定（偶爾會發作），後來開始走下坡。疼痛變得強烈、緊湊和密集，我再也無法靠運動掩飾，或者自顧自地睡覺了。我住在麻州的布魯克萊恩（Brookline）時，看了第三位泌尿科醫師。我又做了幾項基本檢查：醫生叫我站著做尿路動力學檢查，我做到頭暈。再來是做膀胱鏡，雖然比第一次容易，但我無法勉強自己看即時的膀胱鏡影像。醫師發現嚴重發炎，建議我做經尿道前列腺切除術。

這手術有風險，但我準備好了，只是有一點害怕。當時我還在猶豫，所以看了第四位泌尿科醫師，他說動手術會有嚴重的併發症，建議我發作的時候，吃抗生素應急。我平安度過幾個月，一發作就趕緊吞抗生素，把症狀壓下來。再過六個月，我痛到了極點，持續不間斷的疼痛，加上好幾天的失眠，最終讓我去看了第五位泌尿科醫師。他說，我沒有動手術是對的，但是吃抗生素於事無補。他終於為我的病症取了名字，叫做慢性骨盆疼痛（聽起來很貼切，但等於沒有解釋），他開了α阻斷劑的藥物（用以降低攝護腺和膀胱頸內的肌肉張力）。我不確定這個藥有沒有效，但他聽到我的經歷，比其他醫生更嚴肅看待，他也坦承這個病症不好治，也跟我解釋為什麼預後不好。他坦承的態度，安慰了我，促使我寫這本書。

後來我發作很多次。為了睡好覺，我只好服藥，先是「多慮平（doxepin）」，抗抑鬱藥」，再來是「唑吡坦（Ambien），催眠藥」，但只撐了幾個晚上就沒效了。接著我繼續做幾輪檢查，經歷最持久、最劇烈的疼痛，結果還是沒用。後來我再度學習跟疼痛共存，但發作的頻率增加了，越來越難以視若無睹。

如果你的疼痛會不舒服，你會不忍卒睹，但我自己非常好奇，為什麼疼痛如此難忍？像我這個例子，天天都在疼，但身體還是很健壯。還好我的身體仍在正常運作，我最難以忍受的只有睡不著。疼痛到底還有什麼害處呢？

維吉尼亞．吳爾芙發現透過語言說明太貧乏了，並無法好好傳達疼痛的感受：「英文可以表達哈姆雷特的想法，寫出李爾王的悲劇，卻無法描述顫抖和頭痛。」文學文化批評家伊萊恩．斯卡里（Elaine Scarry）的經典著作《疼痛的身體》（*The Body in Pain*），把吳爾芙這段名言加以深化：「身體疼痛有別於其他意識狀態，缺乏參考內容（referential content），不說明特質或原因。正因為缺乏意圖，所以最難用言語客觀化。」

可是，我經歷過疼痛，我知道吳爾芙和斯卡里都錯了。身體疼痛確實有「參考內容」：這代表身體某個部位受傷了，或者不能動。關於疼痛的性質，也有很多名詞可以用。希拉蕊．曼特爾就反駁吳爾芙：

「嗓子疼、痙攣、排尿刺痛和抽筋，都可以描述疼痛；錐心之痛、鑽骨之痛、刺痛、捏痛、抽痛、熱痛、癢痛、劇痛、破皮之痛呢？這些都是很貼切的形容詞，自古以來就有。沒有誰的疼痛特別稀罕，稀罕到翻閱惡魔的痛苦字典，也找不到半個字來形容。

至於我的情況，是屬於「陣痛」、「熱痛」、「收縮痛」。

一九七〇年，哲學家喬治・皮徹（George Pitcher）主張，疼痛不只是感覺而已，這也象徵身體的痛苦：「人會覺察到疼痛，是因為疼痛的受體和神經受到刺激，所以會感知（尤其是感受）部分的身體，正處於受傷、擦傷、過敏或病態的狀態。」皮徹快掌握到正確答案了，但他似乎覺得疼痛不會騙人。截肢的人會在身體其他部位感到疼痛，這要怎麼解釋呢？再來是我的疼痛，身體並沒有遭受傷害或束縛，卻還是會痛？事實上，如果疼痛是身體受傷害或束縛的展現，那麼它展現出來的有可能是幻象。這並不是說，疼痛不真實，或者疼痛沒有「參考內容」，只是疼痛做了誤傳。

於是，古怪的反身性理論（因果關係之間相互影響，此時兩者都不能被簡單歸類為原因或結果）就出現了，哲學家就愛做這種事。騙人的疼痛，是最「後設」的疼痛了，誤傳身體某個部位受到了傷害或束縛。這本來是體內負責追蹤傷害或束縛的機制（疼痛接收系統），卻自己先失靈了。它一直警告你，身體出問題了，實際上卻沒有半點問題，這種跟現實不相符的情況，才是問題的根源！騙人的疼痛，並不是澈底的騙子，只是指錯受傷的位置。人會痛，肯定是有病因。疼痛是不會出錯的。

無論慢性或急性（長期的症狀，或是突然的劇痛，例如：偏頭痛），身體疼痛都在為身體說話，爭取我們的注意，干擾我們的生活。疼痛要吸引注意力，妨礙我們去跟世界互動、去享受生活、去睡覺放鬆。凡是值得追求的活動，疼痛就干擾到底。當我們痛到極點，覺察的中心會縮到最小，我們再也注意不到其他事物。疼痛本身並不壞，它只是妨礙我們去追求美好的生活。

我們還健康的時候，少有這種身體經驗。我們就只是「體會」，直接覺察跟我們互動的人和物，不太會意識到微妙的身體機制。樂手彈奏巴哈的管風琴四號奏鳴曲，不會去注意手指在琴鍵上舞動，而只會注意樂譜，默默化為音符、旋律和節奏。要是樂手太注意手指，演奏可能會搞砸，這就是弔詭之處，因為我們放鬆了，身體就消失於無形，成為透明的介面。我們不去想自己的身體，而是把自己看成其他無形的東西。疼痛，把我們拉回肉體存在。哲學家兼醫師祖魯．雷德（Drew Leder）著有《缺席的身體》（The Absent Body），他說了：「疼痛的身體，不再只是『背景』結構，反倒成了關注的『焦點』。當身體浮上檯面，就會干擾其過渡用途。」

現代哲學家勒內．笛卡爾（René Descartes）提出心物「二元論」，把心靈或靈魂視為非物質的東西。當他面對疼痛的議題，倒是把二元論放下了：

大自然用疼痛和飢渴等感覺，教會我一件事，我跟身體的關係，並非只是水手和帆船的關係。我跟身體緊密連結和交纏，所以我們是一體的。如果不是這樣，我不可能會直接感覺身體受傷了；反之，我只會像水手一樣，用眼睛感知船壞了，用智力感知身體受傷了。

笛卡爾在說些什麼？非物質的靈魂怎麼會跟血肉之軀「交纏」呢？依據他的心物二元論，身心是截然不同的存在，但這種身心對立的看法根本站不住腳。疼痛在提醒大家，我們並不是跟身體相連的心靈，而是身體的展現。法國哲學家莫里斯・梅洛龐蒂（Maurice Merleau Ponty）著有《感知的優先性》（*The Primacy of Perception*），他說了：「對我們而言，身體不只是工具或手段，身體是我們在世界的展現，具體呈現我們的意圖。」

面對疼痛時，我們對身體會有什麼哲學反思呢？一來是希望被看見、被理解，進而受到安慰。疼痛是孤獨的，跟別人隔絕，誤以為只有自己受苦，別人的人生都清淨不染。疼痛往往是無形的，但是你並不孤單：哲學正見證著身體伴隨而來的苦難。

健康的時候，身體是透明的，姑且算是更大的安慰。正如同雷德說的，健康的身體「不露面」。每當疼痛令我分心時，我會覺得，「無痛」是我最期待的事了，只要疼痛緩解，暫時感到身體健康，就是天大的狂喜。這份感覺很真實，卻是對疼痛的錯覺。一旦疼痛不見了，身體再度淪為背景，備受忽視，狂喜也會跟著消失。無痛的喜悅，就宛如一幅細看就會消失的圖畫，或者一塊太柔軟的布料，沒什麼摩擦力，摸起來沒什麼感覺。一直想著無痛，就好像打開了燈，再也看不見黑暗。

無痛的喜悅，看在哲學家眼裡，「一觸即逝」。這源自一種思想實驗，電線連接電子裝置，一有人碰觸電線，電子裝置就短路，此裝置就稱為「電子告密者」，雖然有電流，卻不會發出電擊。法國作家阿爾封斯，都德（Alphonse Daudet）深受末期梅毒所苦，早就不奢望病情會緩解：「囚犯把自由想得太美好，病人也是如此，把健康想像成難以言喻的喜樂，但事實並非如此。」

無論痛得有多苦，無論有多想終結疼痛，你都可能誇大無痛的好。無痛的狂喜，是自我投射出來的，唯獨正在痛的人，才能夠體會：這是一觸即逝的經驗，當你期盼觸及它，它就會消失，你錯失的，比你想像的少。這段推論讓我鬆了一口氣，只因為這個弔詭的理論深得我心，剛好適合我這樣的哲學家，要是換成其他人，恐怕會覺得冷酷吧。無痛是如此難以捉摸，從另一個角度來看，反而造成二度傷害。疼痛已經夠難受了，無痛的喜悅竟只是錯覺，這會有兩種切入角度：一是慰藉，二是忽視。無論如何，我們都更了解疼痛，認清了現實。

疼痛教會我們一件事，沒有人可以逃離身體疼痛，準確看待無痛這件事。事實上，疼痛教會我們的事情可多著呢！例如：我們跟別人的關係，以及別人跟我們的關係。如果硬要想一個好處，我慢性疼痛的經驗，讓我自然而然對每個人懷抱慈悲心。關切自身的苦難，比我們想像的，更能夠展現對別人的關懷。

為了解釋這個道理，我們要稍微離題，討論一下「道德理論」——這個哲學領域專門在制定是非標準。最近道德理論有一個重要觀念，稱為「個體獨立性」（the separateness of persons）：有些道德權衡在個人身上是合理的，但如果會影響到別人就不成立了。假設你安排了根管治療，寧願用短時間的痛苦，避免未來更嚴重的疼痛：這樣的交換十分合理。反之，為了避免某個人受傷，導致另一人受苦，這就說不過去了，因為牽涉到不同的個體。

少數人的苦難，對比多數人的苦難，也是同樣的道理。假設有兩個選擇，一是免除某個人一小時的痛苦，二是緩解無數人的輕微頭痛。你覺得輕微頭痛的人數要達到多少，你才願意為了多數人，捨棄深陷苦海的某個人？比方都德染上梅毒的痛。下面是他一小段記錄：

奇特的痛。一陣陣疼痛，掃過我的身體，切碎點燃，彷彿釘上十字架受難。有天晚上是這樣的，就像十字架受難之苦：有人猛扭我的雙手、雙腳、雙膝，每條神經都延展到斷裂的邊緣。粗繩捆住我的身軀，長矛刺進我的肋骨，我燥熱的雙脣乾裂脫皮。

雖然我跟老婆開玩笑，說我能夠體會都德的痛苦，但其實我難以想像他的經驗。如果我有兩個選擇，一個是緩解都德一人的疼痛，另一個是緩解千人的輕微頭痛，我相信大家會選擇都德吧？然而，如果一千人換成一百萬人，十億人，或者一兆人呢？

若是強調「個體獨立性」的哲學家，會覺得無從比較。多數人的輕微疼痛，無論人數再怎麼多，都無法抵消一人的劇痛，因為這些疼痛在不同的個體身上發生，不可以加總，怪不得我們要為了罕見重病，砸重金研發治療方法，而非去改良輕微頭痛的藥物。多數人的小疼痛，比起少數人所承受的大傷害，並沒有比較重要。

然而，如果只涉及一個人，情況就不同了，為了緩解無數的輕微疼痛（例如我長年的骨盆慢性疼痛），倒可以忍受短期的劇痛。假設我接受三小時粗暴的手術，不打麻醉，就可以治好骨盆慢性疼痛，我會願意嘗試。這種權衡只牽涉到一個人：兩千個星期的輕微疼痛（我可能的剩餘壽命），用三小時的劇痛來換。反之，如果牽涉到不同的個體，這個邏輯就不通了，我們不可以忽略「個體獨立性」。假設我有兩個選擇，一是幫助某個人擺脫三小時的劇痛，二是幫助兩千人擺脫一星期的輕微疼痛，我當然會選擇第一個。由此可見，考慮自己跟考慮別人是兩碼子事。

我已經跟疼痛共存十八年，至少在這之前，我都是這麼想的。如果有三小時的手術可以做，我絕對會去做，我也反對犧牲都德。如果只關乎一己，我寧願忍受三小時劇痛，治好我的慢性骨盆疼痛，但如果涉及很多人，我就不會犧牲都德，去治療大多數人的輕微頭痛。可是，我開始懷疑，這兩件事真的可以類比嗎？慢性疼痛的經驗，會占據個人意識，所以有別於獨立的疼痛事件，有別於多數人的輕微疼痛。如果疼痛只是暫時的，性質大有不同。

我也有不痛的時候，但我始終感覺不到，疼痛是在何時結束和緩解的。一旦我察覺不到疼痛，疼痛早已平息一陣子了。如果我痛到無法忽視，疼痛感覺像永遠會在，趕也趕不走。我無法想像無痛的未來：我的身體別想再度過安逸的一天。祖魯・雷德（Drew Leder）也有慢性疼痛，在《缺席的身體》一書中，提到疼痛對記憶和期待的影響：「慢性疼痛的人，早已忘記無痛的過去，雖然頭腦還記得有這樣一段日子，身體卻早已失去記憶，所以無法想像無痛的未來。」這剛好附和愛蜜麗・狄更森（Emily Dickinson）的詩句，大約寫於西元一八六二年：

痛苦——有一種空白的成分
它無法憶起
何時開始或是否曾有

一個時期它不存在
它沒有未來——除了它自
它的無限包含
它的過去看過去覺悟到
新階段的——痛苦

人會被疼痛困住：無痛的過去和未來，變得遙不可及。

這種自我幽禁太可怕了，我寧願做三小時粗暴的手術。比起短時間個別的傷害事件，慢性疼痛實在太痛苦了。更糟糕的是，你會相信疼痛是必然的，以為沒了疼痛，就失去生活感。這就為什麼一個人的慢性疼痛，不可以跟很多人的輕微疼痛相提並論，這會忽略疼痛對期待和記憶的影響。如果我經歷的只是一陣陣個別的疼痛事件，對我的期待或記憶沒有影響的話，我會懷疑還有動手術的必要嗎？我也會懷疑，是否該放棄頭痛的多數人，只幫助某個劇痛的人？當你考慮別人，會拒絕這樣的權衡，換成考慮你自己，你也會有同樣的想法，兩者之間並無太大的分別。

疼痛教會我們兩件事。第一件事，如果不確定會痛多久（包括慢性或急性疼痛），那就把注意力拉回當下吧！專心做手邊的事情，不去想未來。把持續的疼痛，看成一系列個別的事件，你就不會受其干擾。小說家朱利安．巴恩斯（Julian Barnes），針對都德的疼痛筆記，發表下列感想：「都德對其他病人的建議，還滿務實的。把疾病看成不速之客，根本沒必要理會，日常生活就一如往常的過下去。都德說：『我不相信我會好起來，我醫生也不相信，但你看我的行為，就彷彿這討厭的疼痛，明天一早就會消失似的。』」我想要仿效都德，但我不得不承認，做起來不容易。

第二件事，「個體獨立性」沒有看起來的那麼站得住腳。多數人的輕微疼痛，不比一個人的劇痛重要，因為牽涉到個別的人，於是一陣陣的輕微疼痛，散落在個別獨立的時間裡（沒有時間扭曲的問題），不會比一小時的劇痛更慘。然而，就算發生在同一人身上，這樣的權衡也有問題。大家說疼痛不可以共享，所以每個人是獨立的。

然而，就算是同一個人，不同時間點的疼痛，也不可以共享。「為什麼不可以代替別人去小便？」我岳母聽著幽默的猶太教樂音，聳著肩，雙手一攤，提出這個疑問。可是，就連你自己，也無法代替過去或未來的自己小便。

我不是在否認疼痛的孤獨感，我反而要大力強調。疼痛令人孤獨，並不是因為我們跟別人分離了，而是我們跟自己分離了，但我們至少可以透過寫作和聊天，來分享疼痛的經驗。更何況如果我們克服了過去、現在和未來的鴻溝，去同情其他時刻的自己（雖然現在不痛，但依然感同身受），也就能夠同情別人的苦難。善待自己，不同於善待別人，但這兩份感情的差別，並沒有看起來那麼大。苦難會把大家團結在一起。

我不禁想起詩人安妮・博耶（**Anne Boyer**）提出的概念，稱為「不合一」（**un-oneness**），她在《不死》（*The Undying*）一書，聊到她如何戰勝乳癌。「哲學經常忘了：只有極少數人，過著相同的人生。這種『不合一』，就跟大多數的『合一』，一樣傷人。」但我們可以痛人所痛。博耶的提醒「有違文學的目的，因此真正要記錄的是，疼痛之下人人平等，而這種可怕的感受，大家都有目共睹。」

說到善待別人和感同身受，哲學家不需要忘記這些事實，也不需要跟文學打對臺，或者忽略可怕的共感。哲學的任務是找到貼切的字，來描述身體折磨或身障經驗，這跟感同身受是有關的。這既是反思，也是同理心的展現。謝謝都德，他真誠分享自己的經驗，讓我覺得自己並不孤單。探究自己的苦難，可能有自戀的成分，但也不必然。都德的筆記中，最令人感動的內容，不是談到他自己，而是她老婆的病痛。

我待在茱莉亞的床邊，每個小時都好痛苦……我氣我自己失去健康，虛弱到無法照顧她。還好我仍保有同情心，懂得溫柔待人，也有感同身受的能力……所以，就算我今天又在痛了，我的心情依然很好。

我跟都德一樣，慶幸自己仍保有慈悲心，如此一來，我和別人不再是分離的，我跟過去和未來的自己也不再分離。然而，我們必須坦承，「不合一」的提醒是有限的，同情心也難以維持。再者，疼痛的人，除了心靈的孤單（希望自己的苦難被別人看見），通常也有被社會孤立的孤單。哲學家哈維・卡雷爾（Havi Carel）寫到，「人生病的時候，就連一般社交互動，也變得很麻煩，心裡背負著說不出口的疑慮和不適，所以比以前更需要真正的溝通。」生病難免會感到孤單，但這只是一種可能；孤單並不是病人的專利。孤單是普遍的社會問題，每個人都要面對的困境。哲學可以從孤單學到什麼呢？哲學家對於孤單有解嗎？

CHAPTER 2 （孤獨）

我還記得七歲的時候，滿心期待開學，於是寫了第一首詩。我很早就到校了，學校的門窗還關著。在我虛構的記憶中，風滾草在操場漫天飛舞，我打開筆記本，寫下四句押韻的詩句。「身處如此荒蕪之地」，這是第一句，把校園比喻成沙漠，而我是遠離家園的寂寞旅人。謝天謝地，其他三句，我都忘記了，只記得小時候我形單影隻，只有幾個朋友，但還好不是很寂寞。

當年的我並沒有想太多，但還好我懂得分辨孤立和孤獨。社交孤立的痛苦，不可以跟孤獨混為一談。一個人獨處，不一定會覺得孤獨；被人群包圍，反而有可能覺得孤獨。突發性孤獨（transient loneliness）或處境性孤獨（situational loneliness）

是對失落或情感轉移的反應，跟慢性孤獨（chronic loneliness）不一樣，慢性孤獨會持續數個月或數年。有些人又特別容易感到孤獨。

這些日子以來，就連不易孤獨的人，也開始孤獨了。新冠肺炎疫情高峰期，大約落在二〇二〇年三月底，全球有二十五億人口的行動受到限制，相當於全球三分之一的人口。有些人跟家人一起隔離，有些人自己隔離。病毒四處蔓延，而寂寞也是。我的反應很普通：我開了播客節目，叫做《五個問題》（*Five Questions*），我會在節目中訪問哲學家。這一招確實管用，但我的情況還算好，還有老婆和小孩陪著我；有些人就痛苦多了，例如：完全獨居；遭受家暴；失去外援，只好獨力照顧老人和幼兒；住院治療，卻沒人訪視，也無法訪視所愛的人……這餘波可能會持續數年之久。

早在疫情之前，孤獨的問題就日益嚴重。二〇一八年，特蕾西・克勞奇（Tracey Crouch）成為英國首位的「孤獨事務大臣」，出版一份政策文件《相連的社會》（*A Connected Society*），後來她卸任了，由米姆斯・戴維斯（Mims Davies）和黛安娜・巴蘭（Diana Barran）陸續繼任。美國也在近七十年，出現大量關於孤獨的勸世書籍，包括一九五〇年出版的《寂寞的人群》（*The Lonely Crowd*）；一九七〇年代出版的《追求寂寞》（*The Pursuit of Loneliness*）和《陌生人的國度》（*A Nation of Strangers*）；還有更晚近的《獨自打保齡球》（*Bowling Alone*）和《在一起孤獨》（*Alone Together*）。二〇〇六年有一份研究報告登上頭條，至今仍廣為引用，宣稱二〇〇四年找不到人聊一聊「要事」的美國人，竟是一九八五年的三倍之多。

這段論述非常有道理：兩個世紀以來，「占有式個人主義」（**possessive individualism**）的意識形態（把每個人看成社會原子，拼命累積私有財），正在消磨西方的社會結構，變得破破爛爛，每況愈下。英文的「孤獨」一詞，最早是在西元一八〇〇年出現。在更早之前，最貼近的字，就只有「單獨」（**oneliness**），意即獨自一人，這個字就如同「獨處」（**solitude**），並沒有隱含情緒的痛苦。有些人甚至認為，不只是孤獨一詞，就連孤獨的經驗，也是在一八〇〇年出現的。浪漫主義詩人還在推崇獨自反思，想一想拜倫勳爵的《恰爾德·哈羅爾德遊記》（*Childe Harold's Pilgrimage*），珀西·雪萊（**Percy Shelley**）的《阿拉斯特》（*alastor*）或《孤獨的精神》

（*The Spirit of Solitude*），或是威廉·渥茲華斯（William Wordsworth）的代表作《我孤獨地漫遊，像一朵雲》（*I Wondered Lonely as a Cloud*）。可是到了一八三六年，查爾斯·狄更斯（Charles Dickens）卻是這樣描述工業大都會的隔閡：

人在倫敦，是死是活，無人知曉，無關痛癢，無人關心。每天一覺醒來，從未同情過誰。自己的存在，只有自己在意。如果有一天離世，也不能說被世人遺忘，因爲大家從未記得過。

然而，孤獨評論家倒認為，孤獨的資料和歷史沒那麼簡單。二〇〇六年那份美國人孤獨研究報告發布後，社會學家克勞德·費雪（Claude Fischer）隨即質疑過了。他懷疑那份研究報告利用「統計的把戲」（數據收集的方式），捏造美國孤獨的趨勢，後續研究也拆穿了這件事。原來是研究人員調整提問順序，影響了受訪者的答覆。同樣的問題，搬到二〇一〇年再做一次問卷，二〇一〇年找不到人聊一聊「要事」的美國人，竟然比一九八五年還要少。費雪在《依然相連》（*Still Connected*）一書中，提供大量的證據，證實美國從一九七〇年以來，社會連結仍維持質與量，只不過形式改變而已。

說到孤獨的歷史：一八〇〇年以前，孤獨的痛苦鮮為人知。如果不問「孤獨」的字源，只追究人從何時開始需要朋友，最早應該是在亞里斯多德（他說「沒有朋友，誰還會選擇活下去呢？」）。至於更抒情一點的文字，莫過於蘇格蘭哲學家大衛・休謨（David Hume）在十八世紀中葉的作品：

> 全然的獨處，或許是人類最可怕的懲罰吧……大自然的力量和元素，都聯合起來服務他、服從他；日出和日落，聽由他的命令；大海和河川的流動，順著他的心意；只要他覺得有利或開心，地球就使命必達。然而，這樣的人還是活得很痛苦，除非他有人可以陪，一同分享幸福，體驗尊重和友誼的美好。

浪漫詩人的版本：「閃現於眼瞼幽幕，那是天堂極樂的孤獨」，並無因沃茲華斯的離世而逝，後仍見於德國詩人萊納・瑪利亞・里爾克（Rainer Maria Rilke）的詩句。一九二九年，他寫了《給青年詩人的信》（*Letters to a Young Poet*），建議讀這封信的人「深愛獨處，忍受它帶來的悅耳悲嘆」（W・H・奧登在《新年書簡》這首詩中，把里爾克譽為「慶祝孤獨的聖誕老人」），晚近精神病學家安東尼・斯托爾（Anthony Storr）也在《獨處：回歸自我》（*Solitude: A Return to the Self*），大讚獨處的成長力量。

若要深入探討孤獨的歷史，不妨想一想孤獨和「占有式個人主義」（原子化的消費）的關係。孤獨確實關乎個人主義、市場經濟興起、親密友誼，但恐怕不是大家想的那樣。牛津歷史學家基斯・托馬斯（Keith Thomas）在《生命的終點》（*The Ends of Life*）一書，分析英格蘭現代早期的友誼，把朋友分成親屬、策略盟友和互助對象。他說了：「你看這些例子，朋友之所以重要，是因為朋友管用。朋友不一定是你真心喜歡的人。」唯有市場興起，經濟和個人生活不再緊密相連，才有建立私人友誼的餘裕，友誼不再附屬於社會需求。蘇格蘭啟蒙思想家，主張大家聚在一起，要因為快樂，而不是因為功利，包括休謨的朋友，著有工業資本主義聖經《國富論》（*The Wealth of Nations*）的亞當・史密斯（Adam Smith）都這樣想。市場那隻「看不見的手」，也可以在友誼中找到。

個人主義和親密感的敵對關係，在後來幾個世紀越演越烈。現在的人也許是比較孤獨，可是要認真訴說孤獨的歷史，恐怕要反其道而行。大家想想看，二十世紀中葉以來，勞動階級女性有好多家務要做，沒時間交朋友；再來是同性戀承受汙名，內心感到孤獨。從這兩個例子來看，越自由的人，相對較不孤獨。此外，近期發展趨勢仍未有定論：社群媒體徹底改變了人際互動，但現在還很難說，社群媒體會不會破壞人與人的連結能力。

疫情之前的人，有沒有越來越孤獨呢？目前還沒有確切的證據。可是疫情之後，人確實是更孤獨的，就算不到猖獗的地步，但至少是嚴重的問題。社會科學家透過量化研究，指出孤獨對身體的影響，令人憂心。心理學家約翰・卡喬波（John Cacioppo）跟威廉・派翠克（William Patrick）共同研究，在最後的結論說了：「社交孤立對身體的影響，不亞於高血壓、缺乏運動而過胖或菸害等等……慢性孤立感，會觸發身體級聯反應，加速老化。」前提是要有主觀的孤獨感，而不只有「共病症」的行為，諸如飲食不良、缺乏運動、過分飲酒。孤獨會觸發生理壓力反應，跟「戰或逃」有關的發炎反應，進而破壞身體健康。一九七〇年有一份研究跨時九年，結果發現社交連結少的人，比起社交連結多的人，死亡率高了兩至三倍。

從公共政策出發，這些事實非同小可。只不過，這些只證實了孤獨的副作用，而非孤獨本身的害處。如果有一顆藥丸，可以治好社交孤立的健康問題，但我猜吞了這顆藥，還是治不好交朋友的渴望。我們來看一看，社交孤立會有什麼感受呢？功能性磁振造影顯示，社交不順會活化的腦區，剛好跟身體疼痛有關。然而，為什麼孤獨是有害的？難道孤獨會傷人嗎？為什麼孤獨會傷人？這份痛苦對人生有什麼啟示呢？

自古以來有很多孤獨的哲學家，卻少有哲學家專門探討孤獨，反之，哲學家只會拐彎抹角的談孤獨。現代哲學從笛卡爾以來，主要是在對抗唯我論（只有自我存在；我們是全然的孤獨）。一六三九年，笛卡爾在壁爐旁沉思，盡可能懷疑一切（包括其他人的存在），重新為他的世界奠定穩固基礎。他先談到獨立的自我：「我思，故我在。」可是，他接著證明神的存在，至少他是這麼相信的。既然神不會騙人，我們便可以相信，我們對外在世界「清明的感知」，當然也包括其他人。

只可惜是笛卡爾的論證缺乏說服力。我們知道自己不孤獨，不是因為證明神的存在。後來哲學家反覆討論「我思，故我在」，批評笛卡爾獨自待在壁爐旁，仍是在依賴別人。十九世紀初期，德國哲學家格奧爾格．威廉．弗里德里希．黑格爾（Georg Wilhelm Friedrich Hegel）主張，除非透過共同承認，否則無法充分意識到自我：沒有「你」，就沒有「我」。對尚保羅．沙特（Jean-Paul Sartre）而言，「當我們說『我認為』，就是在別人存在的前提下做自己，我們對別人和自己都一樣確信。」再來是路德維希．維根斯坦（Ludwig Wittgenstein），被譽為二十世紀最偉大的哲學家，他晚期的大作《哲學研究》（*Philosophical Investigations*），認為這世上沒有「私人的語言」，無論是思考或言論，都是社會實踐或「語言遊戲」的行為。與世隔絕的孤獨，並不存在。

如果這些哲學家說得對，別人的存在，其實滿足了我們的後設需求。我們的主觀性並非不證自明：除非跟別人建立關係，否則我們不可能有自我意識。這個觀點很深，卻沒有說到孤獨的害處。動聽的來了！既然自我覺察是好的，它的關鍵要素也會是好的。除非跟別人建立關係，否則就做不了自我覺察，既然這樣，人際關係就是有益的；反之，孤獨是有害的，但這個推論也有瑕疵。美好事物的構成要素，不必然也是美好的，難不成畫作美麗，畫作背後的畫布也是美的嗎？一九二三～一九二四年，藝術家葛文・約翰（Gwen John）創作了《康復》（*The Convalescent*）這幅畫作，收藏在劍橋大學的費茲威廉博物館（Fitzwilliam Museum）中。他用生硬的油料，描繪一位文靜的藍衣女性坐著看書，我看了相當感動。然而，要不是有畫布，這幅肖像畫也不可能存在，儘管如此，這塊布也不會變得有市場。美好事物的必要元素（比方美麗畫作的畫布，自我覺察的社會條件），不必然也有相應的價值。

孤獨之所以有害，不是因為獨處會妨礙自我覺察。反之，孤獨有害，因為我們是社會動物，而社會不是天上掉下來的。孤獨的害處，源自於人性，而非孤獨本身的抽象性質。

我小時候經常一個人，卻不會感到孤獨。但我也不是真的一個人，我身邊還有家人。到了青春期，我刻意遠離家人，讓自己孤獨。我孤獨成癖，不會練習交朋友。我不知道該如何親近別人，不懂得處理友誼的酸甜苦辣；我跟別人發生摩擦，也不明白怎麼應對，只知道躲起來。高中時代我與他人疏遠，感覺自己是邊緣人，這感受一直持續到我上大學。我至今仍不習慣一對一交流，如果換成團體討論的場合，我倒是比較自在，因為沒有發言的壓力。我跟很多人一樣，感到自己被排擠，始終無法仿效別人，建立更寬廣、更順遂的社會連結。雖然我不相信那份感覺，但我還是接受了。人啊，就是一直在跟社交需求做鬥爭。

亞里斯多德更進一步，主張「人是政治的動物」。這裡所謂的政治，不只是活在社會中（比方有家人或朋友），人還是屬於更大的城邦。我不確定人性是否如此，但我們絕對是社會性動物。人自古以來就活在社會群體中，舉凡家族、部落或國家。我們特殊的社會性（有別於猿類或早期原始人），基於共享式注意力（**Joint**

Attention）以及集體意向（collective intentionality）的力量，把自己看成集體的一員。人類的進化史，就是在培養這些能力，展現共同依賴和脆弱性。

人類對社會的需求，有很深的淵源，不妨從兩個極端找證據。嬰兒的情感不滿足，可能會造成長期傷害。一九六〇年代，心理學家約翰・鮑比（John Bowlby）建構了「依附理論」（attachment theory），他是因為看了恆河猴的研究。所謂的恆河猴研究，是在實驗室擺了兩隻「假母猴」，一隻是柔軟絨布做的，另一隻是鐵絲紮的，即使鐵絲母猴有提供奶水，小猴子仍喜歡絨布母猴多一些。由此可見，舒適感比糧食更重要。如果小猴子一出生，就禁止身體接觸，一直跟其他猴子隔離，等到牠回歸群體，就會有奇怪的行為，時而恐懼，時而攻擊，不斷前後搖擺。鮑比觀察第二次世界大戰後，歐洲流離失所的孩童，也發現到類似的行為。另一個例子是一九八〇年代，羅馬尼亞為了促進生育，導致大量的兒童在孤兒院集體生活。鮑比的觀察，促使他的學生瑪麗・愛因斯沃斯（Mary Ainsworth），在一九七〇年代針對幼兒的照顧者，提出對稱的「依附模式」理論。雖然理論的細節仍有辯論空間，但是小時候的依附關係，確實對人生幸福有長遠的影響。

另一個極端是單獨監禁，「囚犯每天有二十二至二十四小時，關在封閉的牢房，接觸不到其他人」。十九世紀之交，美國監獄把獨處視為囚犯的救贖，但事實並非如此。一八三三年，亞歷希斯托克維爾（Alexis de Tocqueville）和古斯塔夫德博蒙（Gustave de Beaumont）寫到，「囚犯忍受完全的孤立，但這種絕對的獨處，若沒有中斷的機會，已經超過一般人的能耐。這等於是在摧毀犯人，毫無中場休息、毫無同情憐憫；這是在殺人，而非改造。」根據二〇一四年美國公民自由聯盟（American Civil Liberties Union）的研究報告，「孤立的臨床效應，相當於身體酷刑，包括感知扭曲和幻覺、嚴重慢性憂鬱、體重減輕、心悸、退縮、情感淡漠、冷漠、頭痛、睡眠問題、暈眩、自我傷害。」然而，美國監獄至今還是有單獨監禁，有時候持續數個月或數年，就連學校裡面，也會用關禁閉懲罰學生。

極端就是極端，這些例子可以證明，我們有人際交流的需求，只是一般人的反應，沒那麼誇張罷了，像我就是覺得跟別人失去連結，至於疫情期間，人們會感到冷漠和恍惚，尤其是獨居的人，再來就是感到被拒絕、憂鬱和退縮。孤獨對我們有害，是因為人類的生活很重視社會。

並非有人陪就一定好。雖然人越多，越有趣，但我們也需要獨處。十八世紀末期，哲學家康德（Immanuel Kant）貼切的描述「不合群的群性（unsociable sociability），例如：人傾向走進社會，但是人也會澈底抗拒，導致社會有解體的危險。」康德的結論是，我們需要其他人，卻不想被統治或征服，而是想要有自己的空間。雙重的傾向，「就是人性」。大家都瘋傳康德是獨行俠，但他參加晚宴的時候，也是相當暢談的。

人是社會的動物，這句話可以解釋為什麼我們會想要人陪，這絕對不是像巴托比那種空洞的偏好——我們花時間跟別人相處，有合理的理由。每個人的社交需求不盡相同，每個人也需要獨處的時間，所以世上有很多種社交模式，合群的程度不一。法國詩人兼小說家雨果（Victor Hugo）認為：「有一個詞完全體現了地獄：獨處」，但沙特和他筆下的角色，卻認為「其他人才是地獄」。走到了極端，就成為隱士，或者隱遁而居。二十世紀修道士托馬斯・默頓（Thomas Merton）描述獨自生活，值得一提的是，他說當隱士「很危險」：「隱士的志業，要忍受幾乎無止盡的試煉。」如果社會性是一條光譜，大多數人會落在中間。

想一想人類生活，就能夠理解孤獨。我們是社會的動物，有社交的需求；一旦需求沒有被滿足，人就會受苦。「孤獨」一詞，道出我們的苦難，但我們仍要說清楚孤獨的害處。若要訴諸人性，彰顯受挫的需求，就必須從外部來探討孤獨的痛苦。現在要轉而從內部理解，為什麼孤獨會如此難忍呢？為什麼孤獨會如此痛苦呢？我們要從現象學下手，掌握生命經驗的內容：孤獨是感知到匱乏或空虛，感受到自己有個洞；這份感覺被我們拒絕、淡化或抹煞。我們還要更進一步探究，孤獨的人會想念什麼？答案是朋友。為了充分理解孤獨的害處（以及該如何補救），我們會探討友誼有什麼益處。

我們不是每一次都要回歸亞里斯多德的理論，但現在有這個必要。亞里斯多德是西方哲學史上，最偉大的友誼理論家，《尼各馬科倫理學》（*Nicomachean Ethics*）總共有十卷，其中兩卷都在談「友愛」（**philia**），有時候稱為友誼。他除了探討什麼是最佳的友誼形式，以及友誼占有的人生分量，也分享一些妙招，教大家處理不公平的友誼（你喜愛對方的程度比較多該怎麼辦呢？），還有平衡互相衝突的責任（在不同的朋友之間做選擇）。希臘文化的思想家，例如西塞羅（Cicero），就很重視亞里斯多德的智慧，西塞羅在西元前四十四年，寫了有關友誼的書，主要是總結亞里斯多德的論點。亞里斯多德的友誼理論，至今仍是哲學界探討友誼的標竿。

亞里斯多德心目中的友愛，確實有講到重點。他承認各式各樣的友誼（有用的、快樂的、美善的），甚至把親屬關係也歸類到友誼。我們現代人不會這麼想，我們會區分家人和朋友，也不會把另一半當朋友，現在就連「有利益關係的朋友」，也稱不上朋友。亞里斯多德的朋友觀，包山包海、發人深省：我們是社會的動物，家族是我們生活的重心，可以防止孤獨，情人也有這樣的功用。這裡所謂的「友誼」，也把另一半考慮進來，還有關係密切的家族成員，只可惜找不到一個貼切的字。「友愛」一詞太廣泛了，它把禮尚往來的關係也包含進去：「你幫我抓背，我也幫你抓背。」我們要探討的主題不只是夥伴關係，或者該如何應對有利益關係的陌生人，而是必須有愛的意義。

亞里斯多德提出的友誼典範，以「德性」為基礎，你結交的朋友必須是勇敢、正直、節制、有雅量的人。他主張，朋友愛你，是因為你的性格，是你之所以為你的特質；人的愛和欲望，只會選擇美好的事物，唯有正直的人，才能夠受到別人的喜愛。因此，真正的友誼，就如同真正的德性，一樣難尋。《伊利亞德》（*The Iliad*）寫到男性情誼的原型，阿奇里斯與帕特羅克洛斯（**Achilles and Patroclus**）是真正的朋友，深愛著彼此，但你和我可能沒那麼幸運。

謝天謝地，友誼並沒有那麼難。交朋友不容易，但不是亞里斯多德想的那麼難。就算不是英雄，不是有豐功偉業的政治家，也可以互相交朋友。在我看來，朋友在一起，就是吃吃喝喝、嘲笑對方的糗事、一起感傷、分享彼此的故事、看電影、玩遊戲、共煮共食。有些朋友是「正直的」，令人欽佩，但有些朋友則否。你會結交各式各樣的人，一起做各式各樣的事。我們會默默協調友誼關係的深淺，隨著文化調整。如果對方是壞人，自然當不成朋友：假設你會騙我錢，從那一刻起，你就是不把我當朋友，而我也不敢肯定，我們是不是真正的朋友了。不過，崇高的美德，並非友誼的必要條件。

亞里斯多德走偏的地方，正好彰顯我們對親朋好友深厚的愛。他錯誤的地方就是把友誼看成賢能之士的專屬，對他而言，友誼是有條件的，必須結交有德性的人。亞里斯多德曾問：「假設你覺得某個人是好人，最後卻發現他是壞人，而且還親眼看到他做壞事，你還要愛這樣的人嗎？當然不可能，因為不是萬物都值得你去愛，唯有良善的，才值得去愛。」在亞里斯多德眼中，友誼是不可靠的。一旦你喪失交朋友的條件，朋友隨時可以拋下你，停止愛你。然而，事情並非如此。我朋友變了個人，甚至不是我喜愛的樣子了，但我們依舊是朋友，我依然關心他。即使我朋友變成大混蛋，我仍關心他能否獲得救贖，絕對更甚於路邊任一個混蛋，我想你應該也是。

亞里斯多德之所以失察，是因為他一開始就論述錯了。他說：愛對方，就是愛他的品格。不是這樣的。品格不是全部的你，你是怪癖、特徵、德性和惡行的集合，這些都是人生的要素。你是特殊具體的人，不被人格特質所定義。因此，愛你的存在，不只是愛你之所為你的特質。值得交的朋友，不一定令人欽佩，事實剛好相反。愛你的存在本身，這種愛不用靠某些特質來爭取。即使你犯了錯，你仍是值得交往的朋友。

有時候哲學家主張，愛就是看見對方最美好的一面，甚至到誇張的地步，這稱為「智識上的偏袒」。我不願意概括解釋，我也沒有相關的經驗。家長會嚴厲批評小孩，無論是否出於好意，這個行為跟他們愛小孩的心意並不互斥，說不定小孩還會報答父母的教導之恩呢！這不只限於親子之愛，比方我老婆最清楚我有什麼毛病，我也知道她很多毛病，但我們依然深愛彼此。

這一切可以證明友誼的價值，相反地，也可以證明孤獨的害處。友誼的好處有很多面向，友誼帶來了各種意義和樂趣，但我始終相信，友誼最終的價值是無條件承認朋友的價值。想一想你人生中重要的友誼，你之所以覺得重要，是因為朋友看重你，你也看重朋友。真正的朋友，不只會珍惜友誼，也會珍惜彼此。

兩者的對比，看似微妙，但其實很常見。大家回想一下，朋友之間的摩擦和憤慨，就是這樣來的。假設我到醫院探望你，是為了情誼而去，這跟為了你而去，就有差別了。我擔心不去會傷了你的心，所以我去探病，這麼做只是為了維護情誼，或者履行朋友的義務，而不是對你有情。哲學家麥可・史托克（Michael Stocker）指出，「關心友誼和關心朋友是不一樣的。」如果友誼還需要經營（例如還在培養感情的階段，或者友誼變淡了），或者我們不願意履行朋友的義務，通常會去衡量友誼的價值。然而，如果一切順遂，我們就會「看穿」友誼，直視朋友本身。

這種友誼的觀念，讓我們從更深的角度，思索人類生活的價值。這是啟蒙哲學最有代表性的看法，無論人有什麼缺點，人本身都有其價值。康德把這種無條件的價值稱為「尊嚴」（dignity），有別於「價值」（price）。康德說：「有價值的東西，可以被其他東西取代，只要兩者等價就行了。然而，比價值更優越的是尊嚴，絕對找不到相同的替代品。」讓愛發揚，讓孤獨消失的，正是尊嚴。所謂的尊嚴，是需要我們的尊重。

如此一來，友誼跟道德就密不可分了。亞里斯多德誤解了友誼，他認為那是欣賞彼此的德性；事實上，友誼應該是看見彼此的人性尊嚴。因此，哲學家大衛・維勒曼

（J. David Velleman）認為，愛（愛另一半、家人和朋友）是「道德情感」。他的意思不是說，忠誠的友誼必須約法三章，互相尊重。有時候兩人之間沒有愛，也可能互相尊重；兩人太熟悉，反而會藐視對方。不過，尊重和愛認同一樣的價值。維勒曼說了：「人性的價值無可取代」，尊重是「最低限度的要求」，至於愛是「個人選擇」，但也是最佳的回應。

這樣說來，真正的友誼，並不是結交賢者。天賦和美德，以及共同目標，當然是友誼的助力，但朋友會看穿這些外在價值，直接認清朋友本身的價值。友誼之所以重要，是因為朋友重要。我之前舉了探病的例子，大家總算知道哪裡不對勁了吧？我去探望你，不是為了你，而是為了情誼。

這下你就明白了，為什麼孤獨會如此痛苦。一來，孤獨是跟朋友分離，會想念跟朋友在一起的時光。二來，無法讓彼此確信自己是重要的。於是，空洞的感覺油然而生。至於更全然的孤獨，就是一個朋友也沒有。你沒有半個朋友，價值就無法實現。你只會獲得疏遠的尊重，你作為人的價值，並沒有受到欣賞和注意。這樣的話，生活就有危險了。沒朋友的人，會感覺自我正在萎縮，從人類世界消失。人是因為愛而存在，如果沒有愛，人會迷失。

極端的案例也就說得通了。吸毒入獄的人，大多會重蹈覆轍，法烏・莫里馬克（Five Mualimm ak）有兩千多個日子，都在美國獨自監禁。如今他強烈反對大規模監禁，分享他入監服刑的經驗：「人生的本質，就是人際互動，進而肯定自身的存在。一旦失去人際互動，就會喪失認同感，覺得自己什麼都不是……就連我，也看不見自己。」我們都需要愛的肯定。

證明孤獨的害處，提出孤獨的解藥，其實是兩碼子事。世上並沒有簡單的答案，一部分是因為孤獨會助長孤獨：孤立會激發內心的恐懼，而恐懼會讓人更加孤立。不過，我們還是有出路的，可以擺脫孤獨，這有哲學家的認證，還有社會科學的背書。接下來，我們要來參考一些小說、回憶錄和自傳。

村上村樹的小說《沒有色彩的多崎作和他的巡禮之年》，頗有卡夫卡的調性。多崎作大二的時候，有長達半年的時間，陷入極度憂鬱：「他感覺自己在人生夢遊，人早就死了，只是他自己沒發現。」

多崎作一直想著死亡，原因很明顯。有一天，他結識多年的四位好友，突然說不想見到他，不想再跟他說話了……說出如此殘酷的宣言，卻不做任何解釋，不說隻字片語。多崎作也不敢問。

等到他有勇氣開口了，卻只得到這樣的回應：「你自己想一想，就會明白的。」然而，卡夫卡的小說主角喬瑟夫（Josef K.）因莫名其妙的罪名而受審，多崎作也是如此，他根本不懂朋友離開他的原因。他只好運用神經官能理論，為四個朋友取名，每一個名字都是顏色，至於多崎作的名字，有「創作」的意思：多崎作是沒有顏色的。他沒有朋友，只好在人間漂流，偶爾去約會，全心投入他的職業——鐵道工程師。

這本小說中的轉折特別有趣，多崎作受到女朋友沙羅的鼓勵，決定面對過去，於是整部小說的文風一轉。起初是迷惘的寓言，難以理解，後來倒成了高雅的肥皂劇。多崎作明白朋友背叛的真相，他也能夠接納，並且向自己和沙羅承認，他是被愛的。兩種文風的碰撞，令人想起了執念——沙羅沒有點破，只暗示了他，「有事情要處理」，我們還不清楚是什麼，就嘎然而止了。沙羅說得更白一點，就是：「你的內心有什麼困住了，大概是你接受不了的事情，你應該讓情緒自由流動，可是你的情緒阻塞了，這就是我對你的感覺。」

村上的小說，道盡了孤獨的輪迴。被別人拒絕，破壞了信任和自我信念，人生勢必要有劇烈的轉變，才能夠逃離輪迴。正如村上小說的中段，文風一整個丕變。人孤獨的時候，會怕東怕西：害怕踏出困住笛卡爾的壁爐房間，唯恐其他人會發現什麼。埃米莉．懷特（Emily White）的回憶錄中，談到慢性孤獨，就有提到這種動態關聯：「我會告訴自己，我需要社交。等到社交機會出現了，我想到要跟別人互動，就覺得壓力大，若要緩解壓力，我必須要花更多的時間獨處。」為了完成冒險，我們要換個角度看世界。世界並非像卡夫卡說的，那樣充滿危險和詭祕；反之，這世界有我們熟悉的故事，有喜有悲，還有一些老掉牙的故事，刻畫著我們跟別人的關係。

孤獨的社會科學——證明孤獨擁有自我強化的性質。約翰．卡喬波（John Cacioppo）主張，孤獨的人會特別在意社交線索（內建強大的威脅警報器），可是解讀能力卻有一點問題，所以看起來不太有同理心，不太信任別人，對於別人容易有負面觀感。孤獨的人往往也喜歡批判自己，把社交失敗怪在自己頭上，而不是環境條件，然而研究證實，「慢性孤獨」跟「社交技巧差」並無關聯。

少了別人的幫忙，就難以擺脫孤獨。因此，孤獨是很矛盾的，不可能一夕之間好轉：當事人必須費點心，緩解孤獨所引發的焦慮。怪不得孤獨是社會問題，而不只是個人問題。如果孤獨碰上憂鬱症，當事人還要去除孤獨的汙名，花錢做心理治療。埃米莉・懷特在回憶錄的最後，引用荷蘭心理學家南・史蒂文斯（Nan Stevens）的文字，這位心理學家制定了孤獨緩解計畫，經證實可以把孤獨率減半：

> 史蒂文斯制定的計畫，每星期會舉辦團體課，連續執行三個月。社工或同儕領袖會鼓勵參與者做一些簡單的功課，例如：評估交朋友的需求、對朋友的期待、描述現有的關係、然後找出潛伏的友誼……這項計畫可以防止退縮。

只可惜，這樣的計畫太少了，也缺乏足夠的經費。既然社會服務不足，我們該怎麼辦呢？孤獨心理學家所提供的指引，正好符合我描繪的愛與友誼。卡喬波是這樣說的：

深陷孤獨之痛的人，有一個最難打破的觀念。雖然感覺到自我存在的中心，被刺穿了一個洞（渴望被別人餵養），但這種「渴望」不是「被人餵食」就可以解決的，反而要脫離個人痛苦的情境，主動走出去「餵食」別人。

很弔詭吧？為了擺脫孤獨，反而要關照別人的需求。你留意的對象是人，而非關係：留意潛在的朋友，而非潛在的友誼。

此外，尊重和愛之間也有連貫性：肯定對方的重要性，練習對彼此慈悲，最後成為朋友。正因為如此，卡喬波才會鼓勵大家：「從小事做起——不妨去超市或圖書館，跟別人進行簡單的交流。說一句：『今天真美好！』或『我很愛這本書』，都可能獲得善意的回應。發出微小的社交信號，對方就會回傳信號給你。」這種互動都是在肯定別人的現實。雖然孤獨的人可能會期待更深的關係，但頂多只有程度或面向的差別而已。尊重、慈悲與愛，都是在肯定對方的重要性，到頭來都是同調的旋律。

果不其然，埃米莉・懷特到慈善廚房做志工，慢性孤獨就緩解了：同情和義憤，都是跟別人連結的管道。她後來參與女性籃球聯盟，她加入之後，發現隊友都太厲害了，可是她繳了錢，無法退費，「她天生不喜歡浪費錢，於是把焦慮擺在一邊。」硬著頭皮打下去，先把彼此當隊友，而非當朋友。她跟其中一個人關係越來越深，久了就變成伴侶（但還是有經歷波折）。

就算沒交到朋友，光是關照別人（肯定別人人生的價值），就可以排解孤獨。二〇一四年有一份芝加哥通勤者的研究，參與者必須在公車或火車上，設法跟陌生人互動，發現對方有趣的地方，並且分享自己的一件事，參與者起初都有疑慮，但體驗完之後，覺得更開心了。還有一個例子，是我的親身經歷。我在疫情期間開了播客節目，以免感到孤獨。我邀請的來賓，是我的老朋友和老師，還有一些點頭之交，或者我素未謀面的人。我不是為了建立新關係，而是為了詢問哲學家私密的問題，其中有些問題挺莽撞的（例如：「你有沒有活出自己的哲學觀？」），有些問題很冒險（例如：「你害怕什麼？」）。我們的訪問包含哲學論辯和個人經歷，兩者有時候會有關聯。有一位哲學家談到自己從小就斜視，習慣斜眼看人，無法跟別人四目相對。當我問起他小時候孤獨的經驗，他一路聊到這輩子的社交困難，還有他選擇研究道德哲學，把互惠視為倫理道德的核心。那段談話很特別；但其實每一段談話，都有值得喜愛的地方。大家的個性天差地遠，有各自不同的生存之道，竟可以在二十五分鐘內分享出來。我會再回過頭，仔細聽半小時，再花一個多小時編輯，這會排遣我好多天的寂寞。

雖然播客是人工的產物，但這樣的對話，有稿子可以參考，能夠緩解社交焦慮。而且有越來越多研究證實，用心傾聽別人說話，可以建立穩固的關係。傾聽（真正的傾聽）不容易做到。哲學家弗蘭克・拉姆齊（Frank Ramsey）開玩笑說：「我們經常陷入這種對話卻不自知。A：我今天下午去格蘭切斯特。B：我沒有去喔。」心理學家和治療師也認為，有技巧的對話（詢問令人出乎意料的問題，並且認真聽對方回答），可以跟陌生人或熟識的人拉近關係。

我們總以為，交朋友一定要先互相欽佩，或者雙方有共同利益——呼應古人亞里斯多德的交友唯賢。欽佩對方，有共同的目標，確實容易當朋友，但其實只要稍微關注對方，友誼就可能發生。第一步是承認對方，第二步才是找事情做。傾聽的行為本身，就足以加深關係。做好傾聽這件事，需要勇氣和韌性。從客套的寒暄到好朋友的關係，一來要花時間，二來會有波折，但是做志工、夜晚去上課、從事業餘運動，都可以為友誼鋪路。再者，主動提出邀請，打破靜默，都會給友誼助攻（大家都不太敢表達需求，一來是害怕，二來擔心丟臉）。要擺脫孤獨，就必須敞開自我的傷口。

這些策略可能管用，但世上仍有一些孤獨，是這些策略也排解不了的。從某個角度來看，最澈底的孤獨是從未交過朋友，那可不一定！失落的孤獨，才是不可逆的，無論交多少新朋友，也無法取代已逝或疏遠的朋友。雖然上帝賞給約伯第二個家，但他先前失去子女的傷痛，怎能說放就放呢？哲學家談愛，當然也要談悲傷。

CHAPTER 3
（悲傷）

二〇一二年八月，美國喜劇演員提格・諾塔羅（Tig Notaro），診斷罹患了乳癌，四天後，她仍勇敢演出脫口秀，大談四個月之前，她母親剛離開人世。即使餘波盪漾，她仍在洛杉磯的拉哥咖啡廳，逗得觀眾哈哈大笑：

我媽媽剛過世……我該下臺嗎？天啊！你們眞是放不開。你們又不認識她。我沒事……我查看信箱，有一封醫院寄來的問卷，想知道我媽住院的感想。嗯……不好說……眞的不好說……我會再轉告她。第一個問題，您住院期間，護理師向您解釋時，有

沒有盡量讓您理解？還是把您當成沒帶腦子的人來看待。

聽眾的情緒混亂不已，這所折射出來的，正是混亂的悲傷心情。悲傷不是簡單的情緒。一個悲傷的人，當然會感到悲傷，但也會憤怒、內疚、恐懼，時而輕鬆，時而沉重。憤怒可能是漫無目標；內疚可能是不理性；恐懼可能是空想，沉浸在過去，而非未來。批評家羅蘭・巴特（Roland Barthes）在母親離世後半年，於《服喪日記》（*Mourning Diary*）中寫到：「我承受親人離世之苦。」有些人（像提格・諾塔羅）選擇在悲劇過後，大開玩笑。悲傷，不是靜止的狀態，而是在不同的時間點，表達不同的感受。悲傷是我們做的事，甚至是刻意去做的（刻意做的哀悼儀式），好比身體受了傷，需要結痂。

接下來，我至少會介紹三種悲傷：「為了關係而悲傷」（以關係破裂為主）、「為了死者所承受的傷害悲傷」、「為了生命的流逝悲傷」。這幾種悲傷可能互相影響或重疊，但並不相同，有各自的痛苦，對於愛也有不同的想法。

悲傷兼具流動性和複調，不容易討論，一不小心就會把個人經驗變成泛泛之論。我讀了瓊・蒂蒂安（Joan Didion）知名的回憶錄《奇想之年》（*The Year of Magical Thinking*）後，大為震驚，她談到丈夫死後，經歷了一段混亂時期。蒂蒂安在結尾寫了這段話，似乎是要說給大家聽的：

> 眞正碰到感傷的事了，才會明白悲傷。我們都知道，死亡突如其來，遇到這種事當然會震驚，但沒想到會那麼閉塞，身體和心靈都亂了。我們想像的悲傷，都是以「療癒」爲模範，以前進爲主，但沒有人知道（這就是想像和事實的差距），在療癒之前，必須先經歷無盡的缺席、空虛、了無意義，還會有無盡的時刻，必須面對無意義的人生。

這段文字的力量，就是把蒂蒂安的話，強塞到我們的嘴巴裡，但是「我們」不一定對她的悲傷有共鳴。以我為例，我想到老婆過世了，我難以想像日子怎麼過下去，我猜我會很空虛（壞消息：我的焦慮有預言效果，有一份老人的長期研究，「如果預期自己會有情緒依賴，確實就會有複雜的哀傷反應。」）

你想必看得出來，我不太想描述悲傷，為別人做預測或開藥方。我自己有孤獨的經驗，但我並沒有經歷過強烈的悲傷。對大多數人而言，第一次悲傷的經歷是祖父母過世，可是我不認識爺爺奶奶，就連他們的名字也不知道，我也忘了他們是何時過世的，怎麼過世的。至於我外公，我出生的時候，他剛好離開人世，我外婆罹患失智症，我對外婆沒有什麼記憶，父母也沒讓我參加外婆的喪禮。真是失策啊！因此，我最貼近悲傷的經驗，就是眼睜睜看著我媽步入阿茲海默症的深淵，可是她還活著。

我只好訴諸社會科學了。過去三十年，心理學家比以前更理解悲傷。佛洛伊德把「哀傷工作」（grief work）視為大工程，他聲稱是面對失落的必經之路，但科學證據剛好相反，以前我們總以為「要找人聊一聊」，如今卻發現這樣做有反效果。科學研究顯示，事件發生後，馬上逼自己「簡述」創傷事件，在往後幾年，對心理和生理反而不好，這會強化痛苦的記憶，壓制免疫系統。悲傷也沒有固定的階段，理論上通常會分成五階段：否認、憤怒、討價還價、憂鬱、接納。先驅研究者喬治・A・博納諾（George A. Bonanno）倒是認為，悲傷不會照著階段來，而是一波波襲來：「喪慟主要是壓力反應……正如同其他壓力反應，並沒有固定形式，也不是靜止的狀態。無盡的喪慟，可能令人崩潰。至於悲傷，還可以忍受，因為就像鐘擺一樣，來來去去。」

怪不得，一些最如實的悲傷紀錄，都是片斷的，非線性，也不連貫。羅蘭・巴特的《服喪日記》，可是他連續幾個月，在小紙張上擦擦寫寫的結果。法國作家安妮・艾諾（Annie Ernaux）的日記也很感人，描述她母親罹患阿茲海默症，她落筆「倉促，因為情緒混亂，不可能好好想清楚，或者整理思緒。」她記載的事項，就如同悲傷的情緒，反反覆覆，無法預料。

最有趣的莫過於英國實驗小說家B・S・強森（B. S. Johnson）的作品，嘗試用詩文刻畫悲傷。他在四十歲自殺，死後四年，《不幸》（*The Unfortunates*）這本書付梓出版，總共有二十七本小冊子，一起收在箱子裡，除了「第一冊」和「最後一冊」，其餘幾冊皆可依照自己喜好的順序閱讀。旁白是一位記者，前往七年前認識的城市，去報導當地的足球賽，順便拜訪他的老朋友湯尼，湯尼後來死於癌症轉移。從早到晚的行程，隨機勾起記者的回憶。如果照著順序讀，有一個圖像（湯尼氣色不好，瘦到顴骨很明顯），在後面幾章反覆出現，記者始終擺脫不了，但只要換個順序，這個圖像可能會晚一點出現，就像是結尾。有一個章節特別長，旁白把一場亂糟糟的足球賽，寫成五百字的敘事。至於最簡短的兩章，旁白晚了一步，來不及參加湯尼的喪禮。他得知湯尼離開人世的段落，直接獨立出來，一整頁全黑。這本箱型書想告訴大家，悲傷並沒有固定的敘事順序；每一段結束，都只是暫時的。悲傷可能會一再的鋪陳和重組。

悲傷如此複雜，難以描述，我們該如何理解呢？歷史悠久的西方哲學，把悲傷視為病理，一個需要解決的問題。可是，悲傷並非錯誤，所以哲學不應該否認悲傷。

古希臘和古羅馬的哲學派別互相對抗，例如：學院派、伊比鳩魯學派、懷疑主義派、斯多葛學派……但他們卻有一個共通點：他們都認為悲傷不好。羅馬的斯多葛學派哲學家愛比克泰德（Epictetus），出生於奴隸家庭，他給大家直截了當的建議：

說到你快樂的泉源，或者對你有用的人事物，又或者你的喜好，記住了，你要記得歸類，盡量說得越雲淡風輕。假設你喜歡各類壺，不妨說「這只是我喜歡的一個容器」，如此一來，就算壺摔壞了，你也不會傷心。當你親吻孩子或老婆，別忘了提醒自己，你只是在親一個人罷了，就算他們不在了，你也不會傷心。

好主意！這當然不容易做到，就連愛比克泰德也覺得困難，但是他相信，只要我們認清自己的所愛的一切容易消亡，只要我們活在這樣的真相裡，便可戰勝悲傷。「我的好朋友過世了！」、「不然呢？你以為她會長生不老嗎？」愛比克泰德反問。但是，你總會期望她再多活一年吧！當我們面對另一半、家人和朋友，不都會這樣想嗎？一旦死亡阻饒我們的願望，我們就會心痛。

西元前四世紀，斯多葛學派誕生於古希臘地區，過了四百年，它成為羅馬統治階級的非官方意識形態。無論過去和現在，斯多葛學派都大受歡迎，主要是因為它睿智的建議，可以幫助大家面對逆境。斯多葛學派不去克服傷痛，而是善用自助的奧祕，許我們一個幸福美滿的未來。斯多葛學派發現有兩種避免失望的方法：第一個是保持願望不變，去改變世界；第二個是改變願望，去迎合世界。如果第一條路不通，你改變不了世界（你希望老婆和孩子活下來，但他們卻逝世了），至少還有第二條路。愛比克泰德的「操作手冊」，不厭其煩地覆述斯多葛學派的名言：「對於你控制不了的事物，不可以討厭，也不可以渴望。把注意力放在你改變得了的事物上；其餘的就放下執念吧。」愛比克泰德主張，只要你不渴望自由，就算你為奴，也不會覺得人生有多糟。

聽了這個結論，你緊張了嗎？你並不孤單。一八六八年，小說家亨利・詹姆士（Henry James）重新評估現代的斯多葛學派，想像在美國內戰爆發前，奴隸制度氾濫的美國南方，聽到斯多葛學派沉著的名言，內心有什麼感覺呢？斯多葛學派還真是違反常理！我們確實沒必要挑戰不可能的任務，也不應該拿自己改變不了的事情，來怪罪自己。可是，不在意自己改變不了的事情，有一點像酸葡萄心理：既然得不到，我就不想要。斯多葛學派的態度，是在麻痺我們的痛苦，但它的手段有問題，把我們跟真正重要的事物區隔開來。要是無辜的囚犯或家暴婦女，不再奢望自由，甘於受人壓迫，你怎麼想呢？斯多葛學派大致會這樣回應，說自由是「更好的選擇，但要保持平常心」：你可以渴望，但是要超脫。斯多葛學派這種回應並不好，因為對壓迫（或者老婆或孩子的逝世）感到不滿，絕非不明事理。雖然悲傷令人痛苦，但痛苦是好好活著的證明，跟愛密不可分。

事實上，古代斯多葛學派和現代模仿者之間，有著不同的世界觀。古希臘羅馬的斯多葛學派認為，放下無法控制的一切，是因為宇宙有神聖秩序，宇宙有自己的運行邏輯，稱之為宙斯至上神，看似悲慘的事情，其實是最好的安排，換言之，這是基於神義論，而非教人斷情絕愛的陳腔濫調。如果你相信宙斯站在你這一邊，可能會願意放下你控制不了的事，但如果你不這樣認為，把期望放低就成了莽撞的行為，一點也不明智。吳爾芙（Virginia Woolf）就曾經告戒大家：「你得不到的東西，不代表它不值得擁有。」

哲學給大家的安慰，絕非抹煞傷痛，而是學習該如何走過傷痛。傷痛是有原因的：我們會哀悼各種失落，有很多事情都值得悲傷。就算只想著亡者（罔顧「氣候變遷」或世界不公不義），這樣的悲傷依然是多面向的：我們所悲傷的，不只是亡者。因此，我們的目標是走過悲傷，而非抹煞悲傷。

十五歲我第一次感受到悲傷，初戀女友茱兒甩了我。我們在一起六個月，感情沒有很深。茱兒不隨便接吻，所以我們應該「還不到膩了的地步」。我猜她有過負面的感情經驗，而我比較順著她，但我不知道如何跟她聊起往日戀曲，但我承認剛交往的時候，我是有一點生氣和吃醋，等到茱兒覺得煩，她就主動提分手，讓我有一點生氣。現在回頭看，其實沒什麼大不了，但我依然搞不懂分手的原因。為什麼？為什麼？為什麼？我一直打電話給她，想得到答案，但茱兒就是不說明理由，後來她連電話也不接了。我還是一直打，打到最後，我也放棄了。我跟茱兒最好的朋友，發生一段小插曲，讓我有機會宣洩情緒，我忘了她的名字，以及我們相遇的派對。她說我無能，而我辯解道，我是缺乏經驗。

我要說的重點是，除了喪親之痛（說到悲傷，大家總是先想到這個），還有被拋棄的痛。愛麗絲．梅鐸（**Iris Murdoch**）的著作《大海，大海》（*The Sea, the Sea*）中，旁白說：「別人不再愛你，你會心死」。他是在自欺欺人，十五歲的我，也曾經這樣想。我以為，我會永遠愛茱兒，再也不會愛別人了，但我只對了一半。

比較分手和生離死別的悲傷，我們學到不少東西。分手的悲傷，是在哀悼關係的結束，而非對方：我稱為「為了關係的悲傷」。茱兒跟我分手，我不是在為她悲傷，而是為了我自己（因為她離開我，反而過得更好）。說到為了關係的悲傷，不只是愛情，還有親情或友情，有各自不同的特質。悲傷也可能沒半點關係的成分，比方為了素未謀面的人悲傷。加拿大作家斯塔塞．梅．福爾斯（Stacey May Fowles）在《棒球生活經驗談》（*Baseball Life Advice*）一書中，哀悼了邁阿密馬林魚隊的投手何賽．費南德茲（**José Fernández**），何賽年紀輕輕才二十四歲，就因為船難而離世。「我們互不相識，但聽到他過世了，仍莫名其妙感到悲傷，這種悲傷並沒有固定的處理方式。」疫情期間，有無數陌生人亡於非命，誰也控制不了，這種悲傷也沒有固定的處理方式。悲傷大多有關係（哀悼關係）和非關係（哀悼對方）的成分，比方好朋友、另一半、父母或孩子離開人世。

這些區隔是必要的，這可以為悲傷或哀悼開脫罪責：悲傷是一種自憐自艾。蒂蒂安的書，以自由詩作為開場：

人生變化如此之快
轉瞬之間人事全非
來不及吃過晚餐，你即棄我而去
而自憐！

自憐是事發之後，蒂蒂安腦海浮現的第一個念頭。自憐是悲傷的一部分，但我們不會只為自己悲傷：我們是為了死者，還有逝去的一切。悲傷不是弱點，而是愛永存的標記。

就連「為了關係的悲傷」，也不全然是自我本位。如果我老婆過世了，我會擔心自己：我該如何自己一個人，面對孤獨的生活，當一個單親爸爸？（這是自憐的問題）。可是，我也會為了她，為了她再也做不到的事情而難過。我也會為我們而難過，再也無法創造共同的回憶。很多事，都是我倆一起做，不可以沒有她。就連我跟茱兒分手，我所珍惜的和失去的，不只是跟我親熱的對象，或者愛人的肯定，還有我跟她的關係。我可能誤解那一段關係的意義，但那段關係並非只關於我。

說到「為了關係的悲傷」，絕大多數的悲傷，都有關係的成分，若想好好的走過悲傷，就要熬過關係的變化。變化，並不是結束。美國哲學家塞繆爾・舍夫勒（Samuel Scheffler）寫過一篇論文，探討老年人的朋友相繼過世。他用一個反常的形容詞，描述再也不活絡的關係。「完成」的關係，比方我跟茱兒的關係，茱兒依然健在。至於「建檔」的關係，表示對方已經不在了。「完成」的關係，也不是完全結束：我跟茱兒的關係，仍有別於我跟陌生人的關係。我可以說，我還愛著她，但是那一種愛，就像愛著多年不見的朋友。

舍夫勒認為，就連「建檔」的關係，也不是真的結束，對方仍持續影響著我們的生活。我們會使命滿足對方的要求，向對方展現敬愛和尊敬。我們跟亡者的關係當然變了，但關係還在。我讀過許多喪慟的文學，失去親人的一方，依然感覺到親人持續存在。小說家朱利安·巴恩斯（Julian Barnes）寫文章聊到亡妻，「沒體會過傷痛的人，是不會明瞭的。死亡，只表示沒有生命，卻不表示不存在。」存在與否，端視你觀看的角度。他繼續說，「我經常跟她說話，這是正常的，也是必要的。」

為了關係而悲傷，分寸要拿捏好，一方面想恢復往常的關係（希望亡者還活著），另一方面因為無助，而感到疏離（想把整段關係都忘掉），但我們自己很難判斷，到底是偏向何者。詩人丹妮絲·雷麗（Denise Riley）的兒子驟逝，她寫到短時間內亂糟糟的悲傷情緒：

每當我跟別人說：「我兒子過世了」，我感覺像是在裝腔作勢，不太得體。我也感覺自己在背叛他。我從未覺得他死了，我只覺得他「離開了」，即使他是永遠離開了。

跟亡者維持關係（可說是遠距離關係），是有風險的，可能會跟日常生活脫節。對雷麗而言，時間靜止了。她問：「我到底該如何跟世界重新連結呢？」可是，復原要付出「高昂」的代價。「當你看著亡者悄悄離開了，你不願把亡者留在永恆……因為不想再有第二次的失落。」

為了好好走過悲傷，必須跨越這種兩難：一是放棄亡者，背叛亡者，二是緊抓著亡者的過去，讓自己受苦。出路只有一條，無論有多辛苦，都要去接納關係變了，但關係不必然會結束。哲學家帕爾·尤爾格勞（Palle Yourgrau）的談話令人難忘，他特地糾正一些作家，不要用自己的著作來緬懷亡者：「教導你愛音樂的人，是你的母親，不是你對母親的記憶。第一個帶著你讀詩的人，是你的父親，不是你對父親的記憶……已逝的父母，跟活生生的記憶，天差地遠吧？」我們應該把著作獻給亡者本身，而非我們對亡者的回憶。人困在悲傷的情緒，往往會遺忘形而上學的事實（亡者不存在了；但我們還是可以跟亡者說話，跟亡者保持關係）。

我不知道該如何調整跟亡者的關係，或者該如何繼續活下去。每一段關係都是特別的，有各自的雙人世界，泛泛而談並不合適。我之前列舉的例子，也不是在開藥方。我只是想說，接受改變，不是在背叛亡者。緬懷亡者，可以自己做，也可以找別人一起，唯獨無法把亡者找來。這不是遺棄，真正的遺棄是不照顧孩子，害孩子無法長大，或者父母養大了孩子，孩子卻沒有奉養父母。只不過，有時候會給人遺棄的感覺。

C·S·路易斯（C. S. Lewis）反思妻子的逝世，他認為喪親之痛，「在愛的經驗裡，是大家共通的體驗，也是必經的過程。結婚了，就會有傷痛，就好比結婚在求婚之後，秋天在夏天之後。悲傷不是在截斷愛的過程，而是愛其中一個階段。這不是在打斷舞蹈，而是下一個舞步。」然而，用這種態度面對孩子的離世，恐怕比面對另一半和朋友的逝世，還要困難得多，因為沒有人會預期孩子比自己先走。找到走過悲傷的方法，就是用全新的方式維繫關係，這當然痛苦，但絕對不只有痛苦。那些走出傷痛的人，可以從愛人的回憶裡，找到喜悅和自在。路易斯寫到：「活下來的人，跟亡者的婚姻越快樂越好……不管怎麼看都是有好處的。我自己發現到，被動的悲傷，並無法連結我們和亡者，反而會斬斷我們跟亡者的關係。」再也快樂不起來了，一想到這裡，不免難以承受：但更糟的是，想起亡者時，再也沒有快樂。

我們到目前為止，做了很多區隔。第一種悲傷，是在哀悼關係的斷裂；第二種悲傷，是在為亡者哀悼，亦即羅蘭．巴特所謂「純粹的哀悼，跟人生的變化無關（例如恢復單身），這象徵著，愛的關係不在了。」只顧著處理第一種悲傷，會忘了第二種悲傷，古老的哲學派別倒是很贊同這種作法，主張死亡對亡者又沒有害處，沒必要為亡者悲傷。

死亡沒有害處，倒是不錯的想法，這樣就不會害怕死亡了，只可惜這種結論仍有瑕疵。快樂主義者伊比鳩魯（Epicurus）是自助大師，在西元前三〇六／三〇七年，為雅典門徒設立了「伊園」，主張死亡是無害的。因為人死後，就沒有意識了，不會感到痛苦。他繼續說：「死亡是最可怕的不幸，但其實沒那麼可怕，只要還活著，就沒有死亡，等到死亡降臨了，人已經不在了。人是死是活，沒什麼大不了，因為活人還沒死亡，亡者又活不了。」但這是詭辯！人不在世，就可以遠離不幸（尤其是痛苦），但遠離不幸，不一定要失去生命。死亡的害處，是因為剝奪，是因為失去樂趣、關係破壞、計畫未完成。人死後，就無法活動了（可能以某種精神的形式存在，但就是無法再續塵緣）。死亡為什麼有害呢？因為人活得好好的，能夠繼續活下去，當然比死亡好。悲傷，就是在表達這種傷害：「你看看她失去了什麼，她失去了生命。」羅蘭．巴特寫到妻子的離世：「還有她的身體、靈魂、對生命的好奇。」

剝奪的害處也是真實的：原本的美好，再也不可得。然而，原因沒有那麼簡單。失去所有人不可得的好東西，我們並不會悲傷。我的著作《中年》（*Midlife*）談到我一位朋友，他想要成為超人，希望自己速度比子彈還要快；馬力比汽車還要大；跳一下，就可以飛到摩天大樓上。誰不想要呢？我猜他會氣自己只有凡人的力量（好比人終有一亡），也會有一點苦惱。他給人小題大作的感覺，不明事理：這本來就是人類做不到的事呀！有什麼好悲嘆的呢？然而，死路一條是人類的境況，難道就有理由悲嘆了？我們可以為九十歲壽終正寢的老人悲傷嗎？那為什麼不能為自己飛不上天悲傷呢？

如果你所愛的人英年早逝，他們所失去的，不是超人的人生，而是一般的人生，這就是我們悲傷的地方。這完全不同於九十歲的老人，有好好生活過，最後壽終正寢，這樣的人生沒有不幸，已經很美好了，但我們仍會傷心，希望他再活久一點，所以哀悼老人的原因，跟哀悼年輕人是不同的，但悲傷還是有的，為什麼呢？如果老人的人生夠美滿了，我們是在悲傷什麼呢？其實是湮滅！

既然悲傷可以分成兩種（為了關係而悲傷，以及為了亡者而悲傷），為亡者悲傷還可以再細分，一是悲傷亡者所受到的傷害（亡者應該再多活幾年），二是悲傷生命的流逝。這三種悲傷都是在表達愛：重視彼此的關係；希望自己所愛的人好好的；珍惜所愛之人的存在。愛就如同悲傷，也是很複雜的。

當我母親逐漸喪失記憶，我可以感受到油盡燈枯。我還記得有一年夏天，我們在科茲窩小鎮，她忘了別人說過的話，又自顧自地說了一遍。車子開過鄉村，我老婆看著窗外的景緻，說了一句：「英格蘭的綠水青山。」一分鐘後，我母親坐在後座，也跟著說了：「這令我想起那首詩，我們的綠水青山。」以致我現在讀到那首詩，都覺得不祥。大約十二個月後，她被診斷出阿茲海默症，病情穩定控制了幾年，去年聖誕節突然走下坡。我現在跟她講電話，也不知道她有沒有聽進去。她還記得我，會聊到天氣和散步。她還記得她自己是誰，但她的記憶在衰退，不記得當天做了什麼，或者隔天要做什麼，也無法跟別人長時間聊天。她的人生萎縮了。我父親是退休醫生，照顧她一整天。我希望母親繼續活著，但終有一別。

我讀過安妮・艾諾（Annie Ernaux）的書《我仍在黑暗》（*I Remain in Darkness*），她母親也是罹患阿茲海默症，在前往醫院度過餘生前，最後寫下了「我仍在黑暗」，於是成為書名。過了十年，艾諾大方分享私人筆記，一字不改，直接公諸於世。她母親住院的那個月：「她清晨起床，用擔心受怕的語氣說：『我尿床了，我忍不住。』這是我小時候才會說的話。」過了十個月，她母親知道自己好不了了。「我心碎了。」

艾諾說。「她還活著，她還有期望和計畫。她一心想要活著，我也希望她活著。」大約再過一年，她母親死前不到一個月：

我拿給她杏仁麵包，她沒辦法自己吃，雙唇瘋狂吸著空氣。這一刻，我好希望她死了，不用再承受病情惡化。她的身體僵硬了，難以起身，房間瀰漫著惡臭。她被餵食完，像新生兒一樣大小便，真是可怕又無助。

艾諾希望母親死亡，不要再承受屈辱和磨難，但等到她母親過世了，她卻「悲傷萬千」：「這就對了，時間停止了。這是無法想像的痛苦。」

這些文字讀起來很難受，但我好奇她後來怎麼樣了。對艾諾來說，愛已經四分五裂：她希望母親好，「擺脫病情惡化的痛苦」，一死百了；可是我認為，她悲傷的不只是母女關係不在了，還有她母親寶貴的生命。愛證明了人活著的尊嚴，卻因為死亡，尊嚴逐漸消逝。我們曾經探討過，愛是友誼的根源。悲傷生命流逝，也是出於愛。

這份蒼涼，反而令人自在，原來，悲傷並沒有錯。就算關係不變，就算沒發生不幸，愛的存在本身，就會引導我們去感受：獨一無二的人，已經消失在我們的世界。不快樂，是好好活著的證明，代表我們有面對現實，做出適當的回應。如果我們不悲傷，就無法去愛。

這些事實帶出了一個謎，這個謎有情緒的成分，也有哲學的成分。如果所愛的人死亡，值得我們悲傷，但人死不能復生，死亡的事實一直都在，難道要悲傷一輩子嗎？

謝天謝地，大多數人都不會這樣。根據悲傷的實證研究，失去另一半或孩子的人，有超過半數具備「情緒韌性」，可以在兩三個月後復原，有些人可能要花更長的時間，例如一年或一年半，只有極少數的人，可能會悲傷更長時間，這時候恐怕要接受曝露治療或認知行為干預。

從某個角度看，這是一個好消息：「失去親人的人，通常會自己好起來，不需要任何專業協助。」心理學家喬治・波南諾（George A.Bonanno）寫到：「雖然會極度傷心，一度找不到人生目的，但生命總會再找到方向，而且比我們想像的更容易。」從另一個角度看，還真是不安。我們走出喪親之痛，難道就是不再珍惜已逝的生命，又或者我們從來沒珍惜過？羅蘭．巴特在母親離世後兩個月，問一問自己：「沒有某人也過得去，難道是你對她的愛，沒有想像的深？」哲學家貝里斯拉夫．馬魯西奇（Berislav Marušić）也有相同的想法，寫在他探討悲傷的文章裡：

我很訝異，我竟然只花了幾個禮拜，就從母親的死亡走出來，繼續過往常的生活：人生絲毫沒有停擺！悲傷幾乎完全消失了。我還在悲傷的時候，我以爲她從此不在人世，我會永無止盡的悲傷下去，當我們知道悲傷會遞減，這似乎是在說，時間一久，我們會看開。

我們可能不想一輩子悲傷，但又不希望這樣。我們希望自己對亡者的愛，對亡者的關懷，永不停歇，永遠會記得亡者的逝世。既然亡者不存在的事實，始終不容置疑，我們怎能任憑悲傷遞減呢？

正如其他情緒，悲傷也是有理由的，所以悲傷有正當性。憤怒，是不甘心被侮辱或傷害。恐懼，是在表達潛在的威脅。悲傷代表著失落。悲傷遞減，有什麼好困惑的嗎？還不是因為，我們誤以為有悲傷的理由，就會有特定的回應方式，難不成要永遠為亡者悲傷嗎？這不是悲傷真正的過程。時間一久，悲傷的情緒會改變，不是因為悲傷的理由變了——我們悲傷的反應，並非取決於時間的長短，我們不可能說，「一年了，她過世這件事，已經不重要了」，反之，悲傷是人生的一部分，這不是情緒狀態，而是情緒過程，悲傷的形式並不會受制於悲傷的理由。

悲傷並不獨特，因為愛也是相同的原理。愛會隨著時間發展和深化：原本只是互相喜歡，後來成了數十年的羈絆，愛不必然有這個結果，也不必然會有好事發生，但這種發展很合乎常理。可是為什麼呢？難道是多愛對方一年，就多了一個愛的理由嗎？因為你有付出時間，對方就變得更值得愛嗎？不，不是的。當我們愛著某人，並不會關注愛的歷程，計較愛得多久，然後來調整自己的感情。（反之，我們的注意力會向外投射，關注我們所愛的人，而非我們自己的經驗）愛跟悲傷一樣，都是情緒過程，而非情緒狀態。愛的進化，就是愛的一部分。

悲傷總會平息，愛意總會增長，只是身在其中，似乎難以理解。這可以看成情緒過程的不同階段，而不是順應愛的對象或悲傷的對象。人死不能復生，時間或眼淚都無法改變事實，只是活下來的人會比較好受。我認為，悲傷平息的原因不明，於是哀悼的儀式很重要，讓我們私下或公開處理悲傷的情緒，填補死亡留下來的缺口。

我生平參加的第一個喪禮，是我在匹茲堡大學教書的第一年，一位親愛的物理學教授羅伯．克理夫頓（Rob Clifton），年僅三十八歲就死於大腸癌。他的喪禮有兩件事，令我難以忘懷，整個儀式是在奧克蘭耶穌升天教堂舉行，鄰近匹茲堡的學習大教堂。第一件事是朗讀羅伯寫給大家的字條，說他很開心可以逼那些無神論的同事，來參加如此嚴謹的宗教儀式，十分的淘氣。第二件事是他悲傷的老婆和孩子，身旁有一整個支持社群：成人主日學班級、家屬，還有一些深厚的友誼。研究證實，人走出悲傷的能力，跟社會支持有關，也跟個人和財務的變通性有關，但其實還有別的因素。

我羨慕他的妻兒，在他過世後，知道該如何應變，該如何在頓失方向的日子，找回生活的理路。

每個文化在遇到悲傷的情境，總會有各自的地形圖。猶太傳統有「七日喪期」，在朋友的陪伴下，連續哀悼七天。西非的達荷美王國，大肆飲酒、跳舞、唱歌和說下流笑話，來頌揚亡者的人生。至於蘇里南的薩拉馬卡人，會舉辦集體「分割儀式」，最後的高潮是交換精彩的民間故事，人類境況的預言。中國喪禮延續著多神論，模仿帝王下葬的方式，用紙紮的人和物品陪葬；習俗比信仰更重要。西方自古以來，就開始在控制悲傷的情緒。歷史學家大衛・康斯坦（David Konstan）引用古羅馬的殯葬法則，「父母或六歲以上的孩子死亡，可哀悼一年，六歲以下的孩子死亡，哀悼一個月，丈夫死亡，哀悼十個月，近親死亡，哀悼八個月，一旦違反這些規定，會遭到眾人不齒。」

康斯坦推測，亞里斯多德（他面對悲傷的態度，在古代哲學家之中特別難得）《修辭學》一書探討情緒理論，卻省略悲傷的情緒，因為悲傷有別於憤怒或恐懼，沒有合乎常理的回應。以憤怒來說，要不是復仇，就是接受；以恐懼來說，要不是逃跑，就是面對。做完回應後，情緒就結束了。可是，悲傷並非如此，如果是哀悼人的死亡，人死不可復生，不可能消滅悲傷的原因。既然這樣，我們就需要哀悼的儀式和流程，有地圖在手，就算有理智過不了的關卡，也就能夠輕鬆度過了。

綜觀西方歷史，不僅僅是悲傷的情緒，就連死亡本身也儀式化了。以前，小孩子可以參加儀式，喪禮再平常不過了，但是很慎重。後來十九世紀，死亡變成私密的事情。人類學家傑佛瑞・戈爾（Geoffrey Gorer）表示，第一次世界大戰時改變更大，因為死亡人數太多了，哀悼儀式不可能一一完成。到了二十世紀，在外面死亡（例如醫院或收容所），反而成了常態；垂死是醫護人員負責監控的過程。我不想評斷這些變遷，只是想陳述一個大家共同面對的問題：悲傷的過程，相對缺乏有意義的社會習俗。我們只有概略的架構，裡面的血肉，要靠我們自己建構。

愛也是如此。婚姻情節的傳統逐漸沒落，越來越少人覺得有必要結婚；決定結婚的人，也可以自行舉行儀式。我沒有詆毀的意思（我也是自行舉行），但我確實覺得少了什麼：少了約定俗成。我和老婆結婚時，我們找不到適合的牧師。我們最初的人選，沒想到是福音派的廣播脫口秀主持人（說來話長啊！），他不想參加「異教徒」的儀式，最後和平收場，彼此也有共識。有了這次經驗，我們挑選對象時，開始兼顧隆重和彈性。我們發現印第安納大學的退休牧師，名叫鮑伯·艾普斯（Bob Epps）（婚禮會在我岳母位於布盧明頓的房子舉辦）。我們跟鮑伯見面後，更安心了。他身材健壯、個性溫和、見多識廣。我們談話時，他身體前傾，靠著桌子，手掌互撐在桌上，清楚說明他的要求。他也願意迎合我們的要求，唯一的前提是婚禮不可以有家畜或毒品。我們可以做到，但最後碰到一個問題：我說，除非採用公禱書，否則沒有辦婚禮的感覺，可是我又不希望「上帝」在。「無論有沒有提到上帝」，鮑伯和藹一笑。「上帝都在」，這挺合理的。

如果要悼念我母親，或者我老婆或小孩（但願這種事不會發生），我有同樣的期待：遵照我可以接受的傳統。悲傷並沒有現成的敘事。悲傷包含了亂糟糟的浪潮和波動，端視悲傷的原因而定。含糊的悲傷分階理論，讓我們找到安身立命之地，但我們需要的不是理論，而是實踐。悲傷無跡可尋，但還好有悼念的傳統，給我們一個框架，讓我們知道該如何走過悲傷。

我寫這本書的時候，正好是二〇二一年一月，我岳父突然驟逝於心臟病。我岳父愛德華．古巴（Edward Gubar）個性慵懶、忠誠、聰明，什麼都閱讀。在印第安納州立大學榮譽學院任教，時而寫作和採訪。他深愛自己的學生、撲克牌遊戲和進步的政治，把賭博的渴望灌注在虛擬貨幣，成了一門賺錢的副業。自從疫情爆發後，我們見不到他，所以他的死亡，至今仍不太真實。拜疫情所賜，等到他離世後幾週，我的老婆梅拉（Marah）、她的姐妹西蒙（Simone），以及愛德華的伴侶克莉絲汀（Christine），總算抽出時間聚在一塊。唯獨克莉絲汀親自到場，搞定一大堆後勤事務。

距離會擾亂悼念。我們打開Zoom（虛擬會議軟體），一起線上守喪。但因為人不在場，難以衡量彼此的失落，更別說給對方擁抱。可是，規畫線上守喪的過程，其實有悼念的效果，尋找失聯的朋友和家人，讓梅拉暫時擱置悲傷的情緒。守喪的活動本身，也值得紀念，雖然偶爾聽不清聲音，但分散各地的親朋好友，至少有機會相聚，這在實體守喪是不可能的。大家聊起愛德華從幼稚園到高中的往事，還有他曾經在紐約當計程車司機，擔任梅拉壘球隊的教練，以及他無限的天賦，包括出去閒逛，在餐廳用完餐還賴著不走，很愛講電話等等。有些人分享他的軼事，有些人只管哭泣，多聲調的悲傷齊發。後來，我們重看這段錄影，看到一些朋友持續分享回憶，為了紀念愛德華，一起共度時光。

等到守喪之後，梅拉才大哭一場，她悲傷的心情起起伏伏。她再也沒有機會打周日的電話，因為對方已經成了幽靈。但是，她已經連續好幾個月，沒有親眼見到愛德華，難以體會愛德華已離開人世。她的悲傷被中止了，其他人也不好過。疫情打斷的，不只是悼念，還有死亡儀式。病人要獨自死亡，愛人只能在電腦螢幕見面。有太多的悲傷，就這樣懸而未決。早在疫情之前，悼念儀式就太過虛幻或模糊，效果大不如前：我們面對別人的死亡，不清楚該如何應對。

當悼念儀式沒落了，或者被迫取消，悼念就要靠個人即興發揮，偏向為了關係而悲傷的邏輯，一邊景仰對方的生命，一邊調整彼此的關係。愛德華過世的時候，大家習慣的悼念儀式不在了，我們只好自行創造。一起觀看女子大學籃球賽（印第安納山地人籃球隊參加全美大學體育協會錦標賽），好多年沒這麼做了，但為了愛德華，我們去看球賽，討論愛德華對大學體育的熱愛。愛德華冥誕的時候，我們為了紀念他，買了彩券，沒贏半毛錢。梅拉實行最久的緬懷行為，就是向愛德華的交友天賦致敬，發誓要跟遠方的朋友保持聯絡。莉迪亞・戴維斯（Lydia Davis）在微型小說中提出一個問題：「我該如何悼念？」她沒有給答案，反而還丟出更多問題：「我應該仿效L，把家裡打掃乾淨嗎？我應該模仿B，心懷芥蒂嗎？我應該學習M，只穿黑白兩色的衣服嗎？」悲傷的人，不妨問自己這些問題，找到最能夠重現亡者生活的悼念方式。個人化的悼念模式，遠比客觀的模式更有意義。

傳統或習俗，都不是悲傷的解藥。沒有儀式的生活，恐怕難以承受，但天底下沒有容易的事。即使療癒了，失落的傷疤仍可能再度敞開。悲傷，並沒有長久的解方：矛盾永遠都在。朱利安・巴恩斯（Julian Barnes）寫到，「最後有一個懸而未決的問題，挺折磨人的。怎樣才是哀悼『完成』？我們是要記得，還是要忘記呢？我們是要留在原地，還是繼續前進呢？該如何牢牢記住逝去的愛，卻沒有半點扭曲？」回答不了的問題，有時候不是因為答案難求，而是問題本身就錯了。這個問題的前提，就已經假設我們會澈底成功或失敗。如果對有限的敘事有任何渴望，就不可能好好度過悲傷。哀悼的傳統，給我們悲傷的框架，卻沒有指定起點、過度點、終點。這是一份地圖，再怎麼痛苦的悲傷，只要有地圖在手，你就可以迎向未知，找到宜居之地。如果人生是一個故事，悲傷就是在提醒我們，這個故事並沒有快樂的結局，搞不好我們會發現，人生終究不是故事。

CHAPTER 4 （失敗）

失敗涉及各式各樣的層面。我們可能敗在職場、敗在戀愛、敗在沒有履行對彼此的義務。但，敗在體育運動的人特別不一樣。體育方面的失敗比其他方面的失敗更明確、更不容置疑。因此，大人常常迫使孩子進行體育活動，讓他們學著應付失敗，學習優雅地面對失敗。然而，最悲慘到無可救藥的犯錯時刻，往往也是發生在體育活動上。

試想棒球這個充滿哲學共鳴和創新用語的運動。其中一個例子是「默克爾的大錯」（Merkle's Boner）：一九〇八年，紐約巨人隊的弗瑞德・默克爾（FredMerkle）沒有成功踩到二壘，被強尼・艾佛斯（Johnny Evers）封殺出局，讓巨人隊在一場決定性的賽事中打出明明可以獲勝的一棒後，得分失敗。

「斯諾德格拉斯漏接」這個詞（Snodgrass Muff）也是一例：弗瑞德．斯諾德格拉斯（Fred Snodgrass）在一九一二年的世界大賽中，沒有接到一顆很好接的球，導致巨人隊輸了比賽。此外，還有所謂的「貝比魯斯魔咒」（Curse of the Bambino）：波士頓紅襪隊曾有將近一個世紀未能贏得世界大賽冠軍，被認為是因為他們在一九一八年，將球員貝比．魯斯（Babe Ruth）賣給其他球隊，遭貝比．魯斯詛咒所致。一九八六年，一顆非常好接的滾地球穿過比爾．巴克納（Bill Buckner）的雙腿之間，使紅襪隊再次輸了世界大賽，紐約大都會隊奪冠。但是，美國體育界最失敗的人物或許是拉夫．布蘭卡（Ralph Branca）：他投出的球讓巴比．湯森（Bobby Thomson）擊出了「驚世一轟」（Shot Heard 'Round the World）的全壘打，為紐約巨人隊贏得一場關鍵的季後賽，使他們（而非布魯克林道奇隊）晉級一九五一年的世界大賽。

一個人要怎麼活在這樣的失敗之中？這個問題雖然對某些人來說特別刺耳，但這其實是每個人都會遇到的。人的一生中，常會出現值得追求，但卻遭到挫敗或遺忘的計畫。擅於發表警世名言的詩人詹姆斯．理查森（James Richardson）說：「我們就算只記著數百萬個小小計畫當中的一小部分，生命也會因為那些失敗的計畫而充滿懊悔。」出錯的計畫多不勝數，其實是一件值得寬慰的事。英國社會評論家喬・莫蘭（Joe Moran）在他所謂的「慰藉之書」中，描述了大大小小的失敗故事。其中談到一位藝術家，他「既沒有、也不想從失敗中學習」，除了完成極少畫作，他最著名的壁畫還在他離世前開始剝落，證明他的實驗失敗了。這位藝術家就是達文西。

失敗事件通常屬性較為平凡。我的孩子計畫失敗時，最喜歡聽我講我自己的失敗經歷，舉凡愛情方面遭逢的挫折、考試考不及格或體育賽事輸了等等。我們最喜歡的故事是：我在妻子懷胎九個月時，前兩次考駕照都失敗，我之所以能在她臨盆時載她去醫院，純粹是因為有她跟我一起在車裡，滿足了駕駛學習許可證的條件。我第三次考駕照時，是請我的岳父陪同，他雖然有些困惑，但十分樂意並給我支持，讓我終於通過考試。為了消除我的緊張感，他也講了自己的失敗經歷：有一次，他的車卡在倒車檔，他只好一路倒車送約會對象回家。

這類失敗經歷並不會造成什麼損失。可是，有些計畫失敗了，卻會導致世界天翻地覆；或者，沒有成功地讓世界天翻地覆。英國歷史學家克里斯多福・希爾（Christopher Hill）所著的《失敗的經驗》（*The Experience of Defeat*）是一本有關社會失敗的偉大研究。一六四九年，查爾斯一世在英國內戰達到巔峰之際遭到處決，開啟了社會民主的可能性，是先前的時代不曾想過的。平等派要求重新分配社會上的財富，並將權利延伸到窮人手中。比較激進的挖掘派則在傑拉德・溫斯坦利（Gerrard Winstanley）的領導下，比馬克思早了兩百年提倡共產主義。溫斯坦利宣布地球是「所有人的公共財庫」，推動一場烏托邦實驗，在聖喬治山、薩里和科布罕希斯為任何有需要的人耕耘荒地，不要求擁有土地所有權。溫斯坦利希望別人能夠效法他，使地主失去農奴，被迫加入他的社群，這樣私有財產就會自動消失。但是，事情不如他的預期。當地地主迫害挖掘派，在法庭上控告他們，並燒毀他們在公地上建造的房屋。他們激進的願景也跟著他們一起宣告失敗。

失敗是一種極其龐大、多樣、又普遍的經驗，不可能如此全面地探索。這樣來看，這個章節注定失敗。於是，這裡只會聚焦在個人的失敗，也就是沒有達成對你來說很重要的目標的這種失敗，而不考慮道德或社會層面的失敗（這些後面會再提到），因為個人的失敗才有可能讓你對自己的人生重新定義，才有可能讓你變成失敗組。這樣的定義最精鍊與純粹的形式，就發生在體育賽事的重大失敗時刻。

成為失敗的同義詞，是什麼感覺？那能夠讓我們對自己生活中的失敗產生什麼樣的體悟？拉夫・布蘭卡讓對手擊出「驚世一轟」之後，毫無怨言地承受自己的命運長達五十年之久。對他有任何了解的人，都知道他投出湯森擊中的那個快速球，但是很多人就只知道這些。記者約書亞・普拉格（**Joshua Prager**）在《草地的歡笑聲》（*The EchoingGreen*）這本書中，解開了將布蘭卡和湯森綁在一起的那個結。他寫這本書並不是要挽救或撇除失敗，因為那已經來不及了。在書中，我們明白了一件我們一直都知道的事情：除了兩人產生交集的那一刻，布蘭卡和湯森的人生各自有許多經歷。普拉格把敘事斷在季後賽即將開打前，同步描述兩人在那之前擁有的人生：布蘭卡有一個成員眾多的幸福家庭，湯森有一個很支持他的手足和沉默寡言的父親。中場休息時間占了整本書五分之一的篇幅。普拉格沒有描述湯森踏上打擊區、揮舞球棒，以及拉斯・霍吉斯（RussHodges）大喊著：「巨人隊得冠！巨人隊得冠！」，而是描寫了一天之始：「那天早上七點三十分，投手和打擊手都在自己的父母家中醒來，兩個人都吃了母親煎的蛋，湯森配的是培根，布蘭卡配的是火腿。」

沒有人的人生可以縮成一個事件、一個活動或一個抱負。人生是由很多事實組成的。人生中所發生的一切，並不是命運造成的。我們如果將那一季的賽事、那一次的上壘打擊重新倒帶，就能看出事件可能有各種發展，這就是成敗的偶然性。除此之外，述說自己的生命故事時，我們很容易把它描述得好像帶有一種隱藏目的，必須不斷朝注定好的結局前進，但這是很危險的。普拉格奮力抵抗回顧的慣性，不願把每一件小事當作自始至終一定會發生。他刻意改變故事的結構（在主角的生命中不斷折返、繞道，避開事件的先後順序）和句子的結構（破壞或翻轉預期的語法），彷彿脫離了時間的框架。以下摘錄自這本書的前幾頁：

於是，德羅許爾（巨人隊的總教練）和霍拉斯・史通漢姆（他們

的老闆）因流血的腳趾和發炎的闌尾來到紐約隊的中外野休息室……德羅許爾氣炸了，指示他的投手用球砸對方的打擊手（布魯克林隊的）。一切都是從九局開始，而他們新獲得的能力中，最令人讚賞的就是勝過紐約隊的結果。

整本書有很多這樣的例子，動詞、介系詞、附屬子句在句子中隨意散落，令讀者大吃一驚。你永遠不知道事情會怎麼發展。

普拉格的敘事形式，讓我們對失敗有更清楚的認識。喬．莫蘭寫道：「我們對失敗最根本的迷思，就是認為失敗是我們的錯。」失敗有可能是我們的錯，但人生偶然性的混亂——投球投得太低或不夠低、球接中後又從棒球套彈開等等，提醒了我們，我們永遠無法絕對掌控一件事，掌控往往是有限的。除此之外，不管你犯了什麼錯，你這個人不是只有這些錯誤造成的失敗，不是只有你所追求的任何目標。我們會傾向忘記或掩飾這一點，原因在於我們敘述自己人生的時候只局限在關鍵的時刻，在於我們被鼓勵做出那樣的敘事。我們的失敗經驗和我們對自己的敘述就像布蘭卡和湯森這兩個人的人生一樣，具有緊密的關聯。要解開失敗的禁錮，我們必須先回答人生有多大的程度可以被稱作一種敘事。

我們會對自己敘述自己的人生，並認為這樣做便是好好生活，這樣的概念是如此普遍，乃至於最常對此發表批評的哲學家蓋倫・斯特勞森（Galen Strawson）說那是「我們這個時代的謬誤」。他列出了許多提倡者，包括神經學家兼作家的奧立佛・薩克斯（Oliver Sacks，「我們每個人都會創造、活出一個『故事』……那個故事就是我們。」）、心理學家傑羅姆・布魯納（Jerome Bruner，「我們變成了我們用來『述說』自己人生的自傳故事。」），還有哲學界的「殺手打線」：阿拉斯代爾・麥金泰爾（Alasdair MacIntyre）、丹尼爾・丹尼特（Daniel Dennett）、查爾斯・泰勒（Charles Taylor）和保羅・利科（Paul Ricoeur）。泰勒認為：「弄清自我的基本條件是使用敘事理解我們的人生，將此當作是一個正在上演的故事。」丹尼特則認為：「我們每個人都是小說大師，發現自己會做出各式各樣的行為，這些行為多多少少帶有一致性。而我們總是盡力給自己戴上最棒的『面具』。我們會試著把所有的素材變成一個連貫的好故事，而那個故事就是我們的自傳。」

某方面來說，這好像很有道理。誰不認為自己的人生是一部精采的回憶錄？但，我這可不是反問法：很多人確實不那麼認為，剩下的人有很多則是在自欺欺人。斯特勞森寫道：「我完全不覺得自己的人生是一個具有形式的故事，甚至連不具形式的故事也不是。」可是，他似乎也活得挺好的。

斯特勞森的生平是個有用的案例。他的父親是牛津大學的韋恩弗雷特形上學哲學教授P·F·斯特勞森，是二十世紀晚期最出名的哲學家之一。老斯特勞森較為人熟知的，就是他對自由和責任做出了人道的維護，並認為我們要把自己想成是從根本上被賦予形體的存在。他的兒子蓋倫很早熟，四歲就開始對無窮和死亡感到疑惑。在康橋攻讀伊斯蘭研究之後，小斯特勞森到牛津攻讀哲學，成為一位知名的作家和教授。他為人所知的思想是，對自由和責任的可能性所做出的抨擊，並堅持我們要把自己看成跟背負著我們的名字的那個人類不一樣的東西。

這是一個完美的諷刺：身為「生命是敘事」的主要批評者，蓋倫．斯特勞森重演了古老的希臘傳說，演出哲學家的「弒父」情節。我們可以利用這個諷刺的例子找到「生命是敘事」的三個元素，使我們稍微擺脫失敗的魔掌。第一個元素認為我們注定要為自己寫下故事，將我們的生命以連貫完整的敘事呈現出來。另外兩個屬於倫理元素：一個是認為好的人生必須形成連貫的敘事；一個是認為這個故事必須由主角對自己述說。斯特勞森自己的經歷便將最後兩個元素硬生生劃開了。他的人生或多或少可以被敘述成一個故事，但是我從與他的通信往來中得知，這個故事並不是他自己闡述的。假如我們相信他的說詞，他完全沒有給自己寫故事。在「我們注定以故事形式講述自己的生命」這個心理學的推測中，斯特勞森是特例。如果他的人生過得很好，他便證實了完美人生的主角不一定需要講述自己的故事——假如真有故事可講的話。

雖然這只是一個例子，但類似的例子其實還有很多。你跟我一樣，可能也是其中一個例子，日復一日、年復一年過著沒有什麼敘事方向感的生活。斯特勞森舉了幾個享有盛名的前人為例，包括艾瑞斯．梅鐸（Iris Murdoch）以及個人隨筆的先驅米歇爾・德・蒙田（Michelde Montaigne）。我們也可以把比爾・威克（Bill Veeck）放進來，他曾經效忠軍隊、管理棒球俱樂部（有成也有敗），並打破美國聯盟的種族限制。這三個人的人生都充滿值得追求的事物，有些事做得非常好，但是也有失策、出錯、偏誤的時候。這樣就稱得上是好的人生了，不需要有一個把一切連貫起來的故事。把人生看成敘事弧線，非得邁向一個可能到得了、也可能到不了的高峰，人生就有可能變成失敗。但，我們不需要那樣生活。

以梅鐸為例，她攻讀過古典文學、第二次世界大戰期間任過文職、她還當過十年的哲學家，後來又不當哲學家，改當全職小說家。在這段期間，她一直是位泛性戀者、經營多重伴侶關係，雖然她同時也跟牛津大學的英國文學教授約翰・貝禮（John Bayley）擁有一段長久的婚姻。她的一生經歷過不少痛苦。梅鐸在最後四十一年間寫了二十六本小說，雖然這在某種程度上的確蠻連貫一致的，但是稱不上方向明確。她在小說家這個身分中也有出現轉變，嘗試了不同的東西。但，除了小說愈寫愈長之外，她的小說生涯沒有一個演進的方向。她的小說並沒有愈寫愈好，不只我一個人認為，她最成功的作品就是她的第一本小說《網之下》（*Under the Net*）。梅鐸的兩個職業——哲學家和小說家，也沒有完美地融合在一起。她不願將自己深奧難懂的哲學思想跟小說「數不盡的意圖和魅力」混淆。梅鐸的人生不是不連貫（雖然她的經歷所編成的網確實不容易解開），只是沒有「生命是敘事」的提倡者所認同的那種敘事結構，不包含「行動者、行動、目標、場景、工具，以及難題」。梅鐸似乎也沒有想要這種結構，但誠如我在第一章所說的，我覺得她的人生過得蠻好的。在「生命是故事」的論點裡，好的人生必須形成一個連貫性的故事，由主角自己述說。但梅鐸是個例外，斯特勞森、蒙田和威克也是。

看過這些例子後，你可能很想知道這種觀點為什麼這麼普遍。我認為，答案在於「敘事」具有無定形的開放性。一個早就該問的問題：「生命是敘事」的提倡者，其所謂的「敘事」到底是什麼意思？他們指的是形式最簡單線性的故事。評論家兼作家的珍．艾莉森（Jane Alison）在《蜿蜒、盤旋、爆炸》（*Meander, Spiral, Explode*）這本書中寫道：「數世紀以來，一直有一條通過小說的路徑是我們最有可能採取的，我們也被指示要走那條路，那就是戲劇弧線：一個突如其來的狀況出現了，再來變得緊張，接著到達顛峰，然後消退。」而「生命是敘事」便是遵循這樣的框架，賦予它實質內涵。這個觀點聲稱，你應該、而且也會試著把自己人生的故事描述成一條整合的弧線，「不斷上漲、緊繃，直到進入高潮為止」（艾莉森開玩笑地說：「是不是有點像男性的生殖器官？」）。

然而，艾莉森發現，說故事的方式有無數種，很多都不是線性的。故事可能蜿蜒、盤旋、爆炸，然後分支或分裂成更小的故事。我們可以回想一下普拉格為「驚世一轟」所創造的暫停點和前傳，他那反覆出現的折返和搶先敘事。或者，也可以拿尼可森．貝克（Nicholson Baker）的短篇小說《樓中樓》（*The Mezzanine*）為例。故事情節發生在午餐時間搭手扶梯的過程，內容充滿美妙的離題插曲，敘事者接連對鞋帶、吸管、除臭劑、小便斗、紙巾、童年回憶和手扶梯本身等事物進行了深刻的思考。插曲之中還有其他插曲——作者安插了許多內容，多達數個段落、甚至數頁的注解。在這個說故事傑作中，主角其實哪裡也沒去，就一直在手扶梯上。

假如「生命是敘事」的意思是，把自己的人生看成擁有一個或多個形式的故事是有價值的，那就無傷大雅。所以，「生命是敘事」才會感覺貌似合理。但實際上，「生命是敘事」需要統一和線性，需要各個事件逐漸邁向實現的高峰，無論最後是成功還是失敗，那才是它的提倡者所要求的。像我剛剛講述的那些故事，便破壞了他們的主要論點，也就是說，敘述自己的人生故事是通往自我理解、自我形塑的道路。或許是這樣沒錯，但是要弄清自我的方法有無數種，即使是透過說故事的方式，也不一定要把自己的生命描寫成是一種追尋。為什麼不可以拼裝藝術、研究角色或即興演奏？

此外，統一線性的敘事也有缺點：把人生限縮成一根直直的管子，你等於是在為自己可能的失敗做準備。人可能有計畫失敗的時候，但我們現在卻說得好像人可能成為失敗本身，好像失敗是一種身分，不是一個事件。當你用單一活動、單一的敘事弧線定義自己的人生，其結果就會成為你這個人的定義。

我們應該反抗這個現象。不管你怎麼敘說自己的故事，不管這個故事多麼簡單直接，你的真實人生絕對不只那樣。就像喬・莫蘭堅稱的：「把任何人生形容成失敗或成功，就是忽略了每一個生命擁有的無限微小事物和無窮混雜多元……人生不可能真的成功或失敗，人生只能經歷。」《樓中樓》的敘事者手裡拿了一本由羅馬皇帝，同時也是斯多葛哲學家的馬可・奧理略（Marcus Aurelius）所寫的《沉思錄》（*Meditations*）。他想起了自己在書中讀到的一句話：「簡言之，所有會死亡的生命都是短暫渺小的；昨天只是一滴精液，明天就化作一把香料和塵土……我心想：錯、錯、錯！這是充滿破壞力、毫無幫助、誤導人且完全不正確的！」這位敘事者的人生值得一活，不是因為從受孕或誕生，直到無可避免的死亡之間，有什麼偉大的敘事，而是因為每天都充滿了無數的小念頭、小舉動，還有溫和打趣的各種互動。貝克暗示我們，如果我們注意得夠仔細，短短一小時的午餐時間所發生的事，就足以寫成一本書。

你愈能體悟到日常事件的數量有多龐大，就愈能把任何人生看作是各種小成功與小失敗的總和，也就愈不會絕望地說：「我是失敗者！」或自以為是地認為「我是勝利組！」別讓戲劇弧線的誘惑，讓你忘了活著這件事充滿插曲的豐富性。

這一點很容易產生誤解。我難道是要你放棄企圖心，不去做那些會形塑你幾十年人生的計畫嗎？你難道應該把格局變小，輕鬆度日就好？那不是我的意思，如果我有這樣的想法，我就是個偽君子。我花了二十年的人生努力在學術界獲得成就，這我並不後悔。我後悔的是把自己的人生當成一個必須完成的計畫：先取得博士學位，然後找到工作；獲得終身職位和晉升；教課、發表文章、出書……就這樣完成一個又一個的計畫，這樣的目的是什麼？人生只不過多了更多「過去」的成就與挫折，純粹是在累積事蹟，但是「現在」卻充滿空虛感。這就是我出現中年危機的原因。

這並非無法避免。只要想想每一個行為的短暫性，我們就能學會在追求一項計畫（即使是最有野心的計畫）的同時，不至於推翻自己的人生，或是只用成敗這種嚴厲的角度來觀看人生。

幾年前，我為《紐約時報》寫了一篇文章，探討「活在當下」的這個概念。我們常聽人說要「把握今朝」，可是把每一天當成沒有明天來活，其實是非常不負責任的態度，會讓人做出魯莽的行為。為什麼會這樣說呢？我寫了一個跟亞里斯多德的思想相呼應的答案，是活在當下的正面版本。雖然有人警告我，這篇文章刊登在網路上後不要去看留言，我還是太過好奇，忍不住去看了。結果，我看到一些佛教徒因為我引用了西方哲學家，而非佛教思想來解釋「當下」的力量，因而勃然大怒。我的第一反應是為自己的文章辯駁：因為文章只能寫一千字，所以不可能什麼都寫到；我不是佛教專家；我的觀點和佛教哲學之間的關係很複雜。接下來則是回應說，假如佛教對你來說，就是在報紙的文章上留下憤怒的評論，那你可能做錯了。

我的活在當下版本將人類活動歸成兩類。一類是，我們有希望完成的計畫，也就是最終會失敗或成功的活動。另一類是，也有一些活動是不用完成、不以終點狀態來定義的，這些活動不會成功或失敗。如果專注在後者，我們的人生就比較不會受到命運的擺布。

提出類似概念的不只有亞里斯多德，還有東方哲學，其中又以西元前二世紀的印度經典《薄伽梵歌》表達得最明確：

動機不該包含在行動的結果中，
你也不該執著地無所行動。

堅持瑜伽，做出行動！
放下執著，讓實現
和挫折成爲一體。

要說明這段文字的意涵以及這為何跟佛教思想不太一樣，我要先介紹我最喜愛的小說之一：杜斯妥也夫斯基從一八六八年一月開始撰寫，經過一年時間完成的著作——《白癡》（*The Idiot*）。

《白癡》的書寫史也值得稍作了解。一八六七年十二月，杜斯妥也夫斯基丟掉了幾個月以來完成的書稿。他本來計畫要寫一本跟一個罪犯的道德轉變有關的小說。他有一個新計畫，那就是把一個「絕對美好的男子」（宛如基督的梅什金公爵）放在當時那個混亂折損的俄羅斯。他在一月五日將前五章書稿寄給《俄羅斯信使》（*The Russian Messenger*）的編輯，十一日又寄了兩章，然後就這樣沒有明確規劃地一章一章寫下去。

我們怎麼知道他沒有規劃？因為杜斯妥也夫斯基自己在他的筆記本這樣說，而且從文本裡看得出他猶豫不決的證據：前面提到的一些關鍵論點，後來已被遺忘。在第一部分，梅什金擁有透過他人的手寫字，來讀出對方性格的能力，但是他從來沒使用過這個能力。我們得知，因為他是「身障人士」，所以不能結婚，但是他卻跟兩名女子發展出戀愛關係，還差點和其中一人結婚。《白癡》的後半部還竄改了杜斯妥也夫斯基開始寫這本小說的數個月後，所讀到的新聞。這不可能事先規劃，而他就是要讓讀者知道這一點。這本小說就跟人生一樣，結局開放、難以預料、沒有道理可言。到最後，就連全知的敘事者也放棄了：

上一章描述的事件，在發生的兩個星期後，故事人物的境況改變

了很多，不特別說明的話，我們很難再接著說下去。然而，我們感覺我們必須只陳述簡單的事實，盡量不要特別說明什麼。理由非常簡單：因爲我們自己在許多時候也很難解釋發生了什麼事。

評論家蓋瑞．索爾．摩森（Gary Saul Morson）以行家的角度閱讀《白癡》，認為杜斯妥也夫斯基的目的是要寫一本完全沒有導引架構的小說。這個故事沒有線性弧線，但它也沒有蜿蜒、盤旋、爆炸或分支。小說的統一性在於梅什金性格的連貫，這位聖人降落在罪人之間，遇到各種沒有架構或計畫的情況。梅什金並沒有什麼偉大的抱負或急迫的目標，他純粹希望自己不論遇到什麼狀況，都能做出對的事。不過他的意圖大部分都失敗了，事情很少像他希望的那樣發展。

儘管如此，杜斯妥也夫斯基還是讓梅什金擁有一個非常美麗的人生。他沒有被自己眾多的失敗所定義；反之，他拒絕譴責遭到看不起的人、他總是維持一貫的謙遜與誠實、他為人慷慨大方、他願意相信他人最好的一面，這些才是他這個人的定義。最終，他的下場並不好。梅什金被迫背叛他所愛的女人之一，以拯救他所愛的另一個女人，結果後者卻在兩人舉行婚禮前拋下他，後來又被她所奔向的男子殺害。但，這些都是這個世界的錯。如果說梅什金活得不好，至少他在面對可怕的事件時，會盡力妥善回應。

假如有人說梅什金是個失敗，這麼說並非是錯的，但是他的重點放錯了。我們不應該用這種方式思考他的人生。梅什金雖然在意事情的結果，但他也同樣在意做出對的事。這個主題剛好在一個過度離題的段落中出現：即將亡於肺結核的虛無主義者伊波萊·泰倫特耶夫（Ippolit Teréntyev）發表了長達一小時的演說，他利用哥倫布的人生，來進行他的「告白」：

> 噢！你可以肯定哥倫布不是在發現美洲的當下感到快樂，而是在發現的過程中感到快樂。你可以肯定他最快樂的一刻或許就在他發現新世界的前三天，也就是暴動的船員們，在絕望的情緒中差點把船調

頭，返回歐洲的時候！新世界不是重點，新世界就算毀滅也無所謂……重點在於人生，只在於人生——在於持續不斷地發現，而不在於發現本身！

七年後，杜斯妥也夫斯基也用自己的聲音表達出同樣的想法：「快樂不在於快樂本身，而在於試圖實現快樂的過程。」

我的話，則會說：「快樂不在於快樂本身，而在於活得好；不只是快樂本身，還要活得好。」梅什金公爵當然在意他的行為所產生的影響，以及他實際做到的成就，但他也在意試圖完成那些成就的過程。他在意目的地，也在意旅途過程。這存在著一個介於陳腔濫調和悖論之間的見解，而亞里斯多德可以為我們說明。

在《形上學》這本書中，亞里斯多德比較了兩種行為。有的行為是「未完成」的，例如：學習或建造某個東西。因為「在學習時，你不可能同時學好一件事情」，還在建造某個東西時，就表示那個東西還沒建好。如果有完成的一天，那將是之後的事。

另外，還有「一種行為，具有完成的屬性」，也就是說這種行為永遠不會完成不了。其中一個例子是「想」：你想到亞里斯多德的那一刻，就已經想到他了。

亞里斯多德把第一類活動稱作「過程」（kinêsis）；將第二類活動稱作「運動」（energeia）。若以語言學的術語來說，我們可以說蓋房子和學字母是「有終點」（telic）的活動，這些活動以終點狀態為目標，抵達這個狀態後，活動就完成、耗盡了（「telic」源自希臘文的「telos」，意為終點，也是「目的論」〔teleology〕這個哲學術語的字根）。走路回家是有終點的活動，到家時，這個活動就完成了。結婚生子亦然，這些都是可以完成的事情。有些活動是「無終點」的，這些活動沒有終點，沒有可以實現的最終狀態。走路回家時，你同時也在單純地走路，而單純地走路不一定要有特定的目的地。所以，走路是無終點的活動。教育子女、跟朋友相處和聽音樂也是，你可以停止這些活動，而且你一定會有停止的時候，但是你不可能耗盡這些活動。這些活動沒有極限，沒有一個可以實現的結果，使它們來到盡頭。

我們總是同時從事有終點和無終點的活動。例如：我現在正在撰寫一本有關人類境況的書，希望有一天可以完成；同時，我也在思考人生之所以艱難的種種原因，而這個活動是沒有盡頭的。假設你正在教導孩子綁鞋帶，希望有一天他可以學會，你同時也是在教育子女。問題不在於你從事哪一類活動，而是你重視哪一類活動。杜斯妥也夫斯基主張無終點的活動才有價值——過程比計畫還重要。《薄伽梵歌》似乎也是這個意思：「動機不該包含在行動的結果中。」這句話的意思是「不要把心力放在完成有終點活動這件事」；假如一個人只重視過程，他還是會行動，但「實現和挫折『會』成為一體」。我認為這有點過頭了，因為結果還是很重要。你的小孩有學會綁鞋帶嗎？這位醫生有救回這條生命嗎？答案是肯定或否定，是有差別的。然而，我們的確太在意有終點的活動，在意計畫是否完成，進而忽略過程的價值。這樣的話，我們等於否定了當下，準備讓自己失敗。

有終點活動給我們的永遠都是未來或過去的滿足。你的野心沒有實現，然後一切就到此為止。更糟的是，從事你所重視的活動，卻是自我毀滅的舉動。當你追求一個你所珍視的目標，你的目的是要成功，也就是要停止從事這個美好的活動。這就好像你想摧毀自己人生意義的來源。此外，正是這類活動才讓你擁有失敗的風險。你可能搞砸一份夢幻工作的面試、沒管理好團隊、背叛了自己的野心。

當你重視的是過程，你跟當下的關係、跟失敗的關係就會變得很不一樣。無終點的活動不以終點狀態為目標，因此是無法耗盡的。從事這些活動並不會抹煞它們。你可以停止走路、思考或跟你愛的人談話，但你無法耗盡這些活動，無法把這些活動做到不能再做。亞里斯多德提到這種無法耗盡的特性的另一面，令人有些困惑地表示，無終點活動具有「完成的特性」：「看的同時便是看到了，懂的同時便是懂了，想的同時便是想到了。」無終點活動在進行的當下就實現了。假如你重視思考，而你現在就在思考，那麼你現在就已經擁有你所重視的東西了。不管你之前做了什麼，也不管你之後會做什麼，都不可能危害到它。

亞里斯多德認為，活得好是無終點的：「但，你在學習的同時並沒有學會，你在受到治療的同時並沒有被治好。然而，如果有人活得很好，他同時也做到了活得好這件事。」例如，梅什金的種種失敗，被他以自己應該生活的方式過活這個事實所抵消，結果為何並不重要。

我們應該學習梅什金，利用無終點活動的價值確保自己不會經歷失敗。在人生中的某些時候，計畫是次要的。我們跟所愛的人相處，並不是為了煮菜時有人可以分工；能更快完成一幅拼圖；或是一同觀看電視。我們一起煮菜、玩拼圖或看電視，是把這當成跟所愛之人相處的方式之一。但，即便有時計畫很重要，如在教育和工作方面、政治和社會方面，但過程也相當重要，無關計畫的成敗。這一點很容易被忽略。

在一六五〇年年初，挖掘派想像的共產未來破碎了。他們先前已撤退到科布罕希斯，但家園卻被新模範軍所認可的暴力行為所威脅。他們後來在密德蘭地區和肯特郡建立衛星殖民地，但是生活仍充滿危機。傑拉德．溫斯坦利寫下這段話：「我在這裡來到盡頭。為了推廣正義，我已用盡全力伸長手臂，該寫的都寫了，該做的也做了，我很平靜。現在，我必須等待聖靈在他人的心中發揮影響力。」他之後寫了最後一本書《黨綱的自由法則》（*The Law of Freedom in a Platform*），寫下他對新社會的願景，然後平靜地度過餘生。或許就像克里斯多福．希爾所說的那樣，溫斯坦利已經「精疲力盡，完全幻滅」，是個政治失敗者。然而，後世在他的失敗經歷中找到了價值，認同他從底層爭取平等。後來的社會主義者頌揚他的努力，還透過一首民謠〈世界天翻地覆〉（The World Turned Upside Down）加以紀念。二〇一六年的美國大選後，我瘋狂聆聽英國抗議歌手比利・布瑞格（Billy Bragg）翻唱這首歌，他的歌聲堅毅而迴盪不已，成為我的靠山。無論溫斯坦利怎麼想，他的人生絕對不是失敗——不是因為他死後獲得成功，而是因為抗議具有高尚的情操，且抗議是一種無終點活動。

過程的價值可以確保我們不會經歷失敗。我們需要做的，就只是透過對我們有意義的無終點活動（或是相符的有終點活動）尋找這個價值。縱使這本書沒有出版，思索人生的難題仍有價值；縱使病患最後無法救活，醫生奮力拯救這條生命的過程仍有價值。過程的價值給我們的保證不是完美的，我們不可能消除失敗的每一種形式，假裝結果並不重要也沒有意義，但是我們可以改變過生活的方式，讓種種失敗變得沒有那麼重要。

由比爾・莫瑞（Bill Murray）、哈羅德・雷米斯（HaroldRamis）和丹尼・魯賓

（DannyRubin）參與演出與編劇的經典電影《今天暫時停止》，便探討了這種觀點改變的範疇和限制，以及這跟佛教哲學之間的關係。劇情是這樣的：講話酸溜溜的天氣預報員菲爾・康納斯（莫瑞飾演）被派去報導賓州小鎮旁，蘇托尼著名的土撥鼠日。據說，每年二月二日，有一隻名叫旁蘇托尼菲爾的土撥鼠都會預測天氣。根據牠那天有沒有看見自己的影子，就能知道春天會早來，或者冬天還會持續六個星期。聽起來真是有趣極了。然而，不滿這份工作、只想趕快回家的菲爾卻發現自己困在一個時間迴圈之中，每天都是土撥鼠日。但是，每天的土撥鼠日都有些不同，他先是很困惑，接著變得莽撞、瘋狂，甚至企圖自殺，最後則平靜接受。當菲爾終於學會接受命運，去愛身邊的人時，他被釋放了。新的一天總算到來。

評論家都同意《今天暫時停止》是一部偉大的哲學喜劇，但是這部電影想要闡述什麼樣的哲學，則有不同的意見。我們可以把它解讀成對「無終點活動」的價值的思考。菲爾可以做出行動，但是他不管做什麼其實都沒有真正完成：他的作為沒有產生持久的改變，因為同一天又重新展開時，那些行為都會被刪除。他的人生是不是在考驗以無終點活動為主的觀點？光是過程本身就能讓人過上好的生活嗎？可是，假如這是考驗，這場考驗並不公平，因為有各種無終點活動菲爾都不能從事。如果他在旁蘇托尼以外的地方有朋友，他沒辦法跟他們相處，他也無法探索更廣大的世界。這些事實提醒了我們，無終點活動雖然讓我們免於經歷某一類失敗，我們卻不是一定可以從事這些活動，這些活動也不容易進行。即使我們沒有在擁有最終目標的計畫上失敗，我們還是有可能無法成功過得好。

另外，菲爾可以做出改變，雖然他能改變的只有自己。他記得自己被囚禁在時間迴圈裡所經歷的每一天，也記得自己在整個過程中學會的事物。因此，菲爾重獲自由時，已經學會彈鋼琴、懂得說法文、變成冰雕專家，還知道怎麼把一張卡片彈進幾英尺之外的帽子。他花了多久時間習得這些技能？哈羅德・雷米斯在這部電影的DVD花絮中，說菲爾被困了十年，但那實在是短得不切實際。謹慎計算的話，他應該被囚禁了將近三十四年。

雖然菲爾說「我現在很快樂」，但是他的人生仍舊宛如地獄。我在前面就承認，計畫也很重要，菲爾的計畫雖然算不上失敗，卻也絕對沒有真正成功。用另一種方式詮釋這部電影，可以把《今天暫時停止》所描繪的人生視為輪迴，也就是佛教哲學想像出來的痛苦循環——根據業障法則過著一個又一個悲慘的人生。佛教思想認為，人的目標是從這個循環中解脫，不要再重生，進入虛無的涅槃。所以，菲爾雖然逃出土撥鼠日的循環，卻逃不了死亡。

無論佛教對《今天暫時停止》和人生的詮釋方式有什麼優點，總之那跟我的詮釋方式不一樣。對佛教徒而言，當下的力量講的是現實世界的短暫空虛，講的是要克服對人事物的依戀，講的是擺脫脆弱、易朽、不斷變動的東西所能獲得的解脫。對我而言，事情恰恰相反，重視無終點活動就表示要使自己依附在當下。重點不是空虛，而是完滿，不是超然或解脫，而是參與和留意當下發生的一切。菲爾被困在迴圈裡的人生是貧乏的，他沒辦法做出任何會影響他人的行為。但，他可以充分運用這樣的人生，學習如何過上更好的生活，不要那麼容易受到成敗的影響，除了重視計畫，也要重視過程。

我們自己要怎麼做出這樣的轉變？我們可能沒有那麼幸運，能讓時間停止，花三十四年想清楚這一切。此外，我在中年學到的一件事就是，你無法選擇自己在乎什麼。我發現自己在學術界奮鬥了二十年，已經把哲學變成一系列的計畫，每一個不是辛辛苦苦地追求，就是變成過去式。我已經失去對無止盡地（無終點地）進行哲學思考的熱愛。那就是為何我之前會覺得自己的生活非常空洞，而我的未來感覺再怎麼衝刺，也只會原地不動。可是，我不可能想改變就改變。我必須付出努力，而我直到現在還在努力。在《中年》（*Midlife*）這本書中，我提到冥想是讓自己重新回歸到無終點活動的一個方式。冥想時有意識地專注在呼吸、坐著、聆聽聲響，不去想未來的目標，可以學著體悟當下。冥想能幫助我們培養尋找無終點價值的能力，將這份價值轉移到日常生活。我現在還是相信這一切。不過，我還沒有好好說明使改變自我這件事顯得如此急迫卻又困難的文化力量。在這方面，我失敗了。我們之後會看到，這些力量跟那些讓我們的價值只能用錢衡量的其他力量息息相關。

不只計畫、就連人也會被歸類為失敗的這個概念，從很久以前就出現了。歷史學家史考特・桑迪基（Scott Sandage）在《失敗萬歲》（*Born Losers*）這本書中，把這個概念一路從經濟大蕭條追溯到一八〇〇年代中期，也就是「失敗」這個名詞第一次在字典裡被用來指涉一個人的時候。一個人不但可能失敗，還可能變成失敗本身，是社會經濟變遷的結果。當時的美國把自己看作企業家的故鄉，商人的成就是透過優渥利潤和良好信用來衡量。信用報告發明出來後，美國人開始被自己的信用定義。桑迪基說：「信用報告不只是銀行餘額或推薦函，它會將一個人的品行、天賦、財務狀況、過去的表現和未來的潛力，全部放進一個簡要的評斷。無論是一等或三等、優良或劣質，信用報告會使用商品的語言把一個人的價值標準化。」

除此之外，當時還流行將市場的成敗歸咎給個人、而非社會情勢的個人主義風氣。散文家愛默生在一八六〇年思索這種心態，表示：「一個人的好運或壞運永遠都有理由，賺錢也是。」強化「品行是以成就衡量」這個信念的，不只有一八八九年在〈財富福音〉（*The Gospel of Wealth*）這篇文章中，宣揚這一點的資本主義者安德魯・卡內基（Andrew Carnegie）。三十年前，曾經被奴役的廢奴主義者法雷迪・道格拉斯（Frederick Douglass）發表了他最受歡迎的演講〈自己成就自己的人〉（*Self-Made Men*）。他說：「我不相信自己成就自己的人，靠的是意外或好運。機會固然重要，但努力是不可或缺的。」

> **當我們發現有一個人爬升到比我們還高的高度時，我們大概就知道他比我們還努力、還優秀、還睿智。我們睡覺時，他還醒著。我們懶散時，他還在忙碌。我們在浪費光陰時，他聰明地改善自己的時間和才能。**

最後他說，若「僅有一般的能力和機運，我們或許只能用一個字解釋成功，那就是努力！努力！努力！努力！給予黑人公平競爭的機會，然後不管他。如果他活了下來，很好；如果他身亡了，那也很好。如果他站不起來，就讓他繼續跌倒。」

一個人的生命愈是用他在一個活動所獲得的成敗來理解，我們愈會想要把他定義成輸家或贏家、失敗組或勝利組。在整個十九世紀，美國人的自我價值愈來愈常透過成就來衡量。重創美國經濟的金融恐慌不只帶來貧窮和物質艱困，也讓失敗的人精神崩潰。愛默生寫到一八三七年的危機時，說「大地充滿自殺的臭味」，因為那些無法養活自己或家人的人紛紛因為羞愧而走上絕路。

所以，今天的美國經濟學家安妮．凱斯（Anne Case）和安格斯．迪頓（AngusDeaton）所描述的「絕望之死」，在十九世紀其實就有先例。這些人的死亡不是光用貧窮就能解釋。自二〇一五年，美國的平均壽命便開始下降，幾乎完全都是被沒有受過大學教育的白人拉下來的。平均而言，這些人的收入雖然比條件類似的黑人還多，他們死於自殺、酒精和毒品的可能性卻高了百分之四十。凱斯和迪頓主張，這個差異背後的原因有：將努力工作就會成功這個信念內化了；拒絕承認體制帶來阻礙；缺乏社會團結。換句話說，原因在於這些人把自己、而非社會看作失敗。

非裔美國人自然比較適應，那些妨礙他們獲得成就的不公體制。這些體制有的歷史悠久，像是道格拉斯批評的奴隸制；有的則是現代的產物，例如作家塔尼西斯．科茲（Ta-Nehisi Coates）剖析的制度：

我漸漸把街頭和學校看作是同一隻野獸的雙手。在街頭上失敗，幫派分子就會在你跌落時抓住你，帶走你的身體。在學校裡失敗，你就會被休學，送回那些街頭，他們還是會帶走你的身體。我開始看見這兩隻手的關聯：在學校失敗的人，在街頭面臨毀滅是合理的。社會說：「他應該待在學校。」然後就不管他。

「個人責任」這個詞其實是體制免罪和自我責怪的語言，不去理會科茲所描述的那種模式，不去理會「學校到監獄的捷徑」及集體監禁蘊含的不公與社會浪費。

失敗的背後，是資本主義經濟的力量。這股力量從十七世紀以降驅動了強取豪奪的殖民擴張和奴役（目的是要尋找新的市場、新的材料和奴隸勞工），並在現代驅動著西方製造業的衰微。這個趨勢非但沒有逆轉，還加快了速度。就業愈來愈兩極，很差的工作變得更差（更危險、更費力，酬勞卻更少）；最好的工作變得更好；中等的工作消失了。經濟不平等的狀況更加嚴重。難怪千禧世代花在課業上的時間比過去任何一代還要多：投資自己的「人力資本」似乎是通過競爭激烈的大學入學關卡、得到愈來愈少的好工作唯一的途徑。人生成了輸贏的命題，比從前更被認為是如此。

我們很難知道，在一個大家的需求都獲得滿足的世界裡，生存和成功的手段是否可以為個人所有。或許，我們唯一的希望是跟隨溫斯坦利和挖掘派的腳步，否認地球可以被擁有（仔細想想，一個人可以聲稱自己對土地、大海或天空擁有完全的所有權，是一件令人想不透的事——無論人們有什麼需求）。但，我們很容易就能看出（和提出），任何改革計畫除了譴責物質需求之外，也一定要駁斥透過生產力評斷人類價值（生產力則用財富來說明）的這種意識形態。只要自我價值跟市場價值綁在一起，一定會有人是失敗的，即使在最好的狀況下，也必須因為他人在經濟方面的勝利才能生存（藉由社會保險或基本收入）。將我們描繪成貪得無厭的社會原子（**social atom**）的占有式個人主義雖然不是寂寞的元凶，卻在失敗的起源上扮演了關鍵角色。

有關資本主義下的有終點活動思維，用一個章節描述就夠了。其他章節或許可以探索「工作倫理」的起源，談談貪婪從個人罪過變成公共利益的歷程，或者談到使我們在競爭初級產品時互相較勁的經濟關係，其實跟社會團結有所衝突。今天，以「累積」和「重複」構成的經濟思考模式已滲透到生活大部分的層面。我們會計算社群網站上的「朋友」數量，比賽誰得到的「讚數」比較多，把我們的關係商品化。少年時期對哲學的熱愛，長大後變成對爬升學術梯子、在履歷上多加幾行字的狂熱。這再也不是從事哲學的手段，而是目的本身。內觀或許是個解套的方法：如果不把梯子丟掉，就把它重新形塑成一樣工具。但是，這並不會對塑造我們的那個意識形態產生任何影響，更別說跟它共生的社會與經濟結構。

此外，就算我們知道「失敗是我們的錯」這個迷思什麼時候是不對的，我們也無法從這個迷思中抽身。在上面引用的演講內容中，道格拉斯有先做些讓步：

確切來說，這個世界上並沒有所謂自己成就自己的人，因爲這個詞意味著個人要獨立於過去和現在而存在，但那是不可能的。我們獲取過最好、最有價值的思想與發現，不是從當代人、就是從先人那裡得到的。我們全都會經求來、借來或偷來某些東西。

可是，他接著又說了後面那番話。光是知道成就取決於「公平競爭」以外的不公平命運，並不足以改變它的文化意義。我們是社會動物，會在乎周遭的人如何看待自己（像是把我們看成贏家或輸家），也不可能乾脆就脫離社會。所以，我們必須改變社會。

因此，失敗看似個人，實則跟政治有關。我們必須找出社會經濟不平等以及那些有害的自我觀念背後的結構成因。雖然如此，有些人還是抱持懷疑的態度。我們很容易就能看出這些體制是如何傷害被視為輸家的人。那些被當成贏家的人或許不會在乎；就算在乎，他們可能也不知道要怎麼做。對於那些沒有直接面對不公待遇的人來說，他們為什麼要在意世界的不公？想想被困在時間迴圈裡的菲爾·康納斯。他改變對整個過程的看法，只是使他獲得釋放的一部分原因。他的無私以及他對他人的愛與尊重，也是原因之一。這可以帶給我們什麼道理？

CHAPTER 5（不公）

在二〇二〇年，某一個普通的夜晚，我用手機瀏覽了新聞頭條。新冠肺炎重創美國經濟，數百萬人失業或不得不在危險的條件下工作，有的還沒有健保。同一時間，超級富有的人變得更加富有，標題上的數字長到我得一個一個算，有少數人賺了數十億美元。另一篇報導提到，疫情紓困補助到期後，將出現一陣法拍潮。我點了一個連結，開啟一篇關於政治僵局的報導，談到共和黨拒絕投票通過延長目前紓困方案的議案。再點一下，我讀到武裝暴動和內戰可能發生的報導。如果再點一下，我會讀到民主政治搖搖欲墜的文章和法西斯主義的歷史。或者，換一個主題，我可能會讀到一名黑人遭警方射殺。或者，冰河融化的速度之快，令科學家大感震驚。或是，熱帶風暴、森林大火、旱災、水災等氣候混亂的先兆。我的心跳開始加速，心中充滿恐懼和恐慌。

我知道不是只有我這樣。我的狀況相當常見，甚至有人發明了新詞來形容。「瀏覽厄運」和「滑厄運」，指的都是對毫無止盡的負面新聞成癮的行為。我強迫自己放下手機，對這個世界的不公感到憤怒，卻又覺得自己無力改變。或許，你也有相同的感受，不過，我們不是第一人。哲學家狄奧多・阿多諾（TheodorAdorno）在第二次世界大戰期間從德國流亡到美國，他便曾哀嘆：「如果沒有透過對於快樂是什麼感到無以估量的悲痛來估量快樂，那麼快樂會是什麼？因為，這個世界病得很重。」可是，悲痛能帶來什麼好處？悲痛只會讓人羨慕那些毫不在乎、對壓迫、不公和戰爭視而不見的人。假如我無法拯救這個世界，那我或許應該拯救自己。

這是個新現象，但是這個問題十分古老：假如說團結心會帶來痛苦，為什麼要在乎正義？柏拉圖在《理想國》裡便問了這個問題。他在這些書第二卷的開頭寫下所有思想實驗的先祖。《理想國》收錄了蘇格拉底和許多質疑正義的價值的人之間的對話，而在現實生活中身為柏拉圖之兄的格勞孔（Glaucon）正是其中一人。他講了一個故事，說到有一位牧羊人在地震震開的一道深淵裡，撞見一個巨人的屍體。巨人的手上戴了一枚金戒指，把戒指戴上去的人就能隱形。格勞孔說：「他發現這件事之後，馬上安排自己成為被派去覲見國王的使者之一。抵達後，他誘惑國王的妻子，在她的幫助下攻擊國王、殺了他，並奪走王國。」你可能會認為，說比做還簡單，可是在格勞孔看來，我們每個人都會那樣做：

似乎沒有人會如此廉正，在不用受罰的情況下，仍走在正義的道路上或不碰他人的財產，而非拿走自己想要的一切、進到別人家中跟任何人行魚水之歡、到監獄中殺死或釋放任何人，或是做出其他會讓他在人類之中變得像神一樣的任何事情。他的行爲跟一個不義之人的行爲不會有什麼兩樣，兩者都會走上同樣的路。

也就是說，我們在乎正義，或假裝在乎正義，只是因為我們害怕被抓包。

說得好聽一點，這是一個非常薄弱的心理推測，唯一的支持就是格勞孔自己的憤世嫉俗。在現實中，不同的人會以不同的方式運用這個把自己變隱形的力量。問對方他會怎麼做，是跟別人聊天時很有趣的哲學破冰話題。但，這枚戒指其實代表了一個難題：當自我利益和道德產生衝突時，為什麼不乾脆做對自己最好的事？假如犯罪一輩子可以讓自己受益，那就算在道德上犯了錯又如何？假如在乎正義會帶來「無以估量的悲痛」，不在乎不是比較好嗎？

當我們在思索自己或他人在人生中所遭遇的不公時，弄清這一切的第一步，便是要明白這些問題本身其實就很不清楚。哲學家路德維希．維根斯坦（Ludwig Wittgenstein）認為，所有的哲學問題都是這樣。他寫道：「哲學是一場仗，要對抗使用語言混淆我們智力的魔法。」一開始往往是先顯現出缺點：「施展魔法的決定性動作已完成，而那正是我們以為十分無害的動作。」在這個例子中，哲學施展的魔法就是把道德和自我利益看作對立的兩件事，卻沒有解釋「自我利益」的意義。如果自我利益的意思是快樂的情緒或感受——快樂的心理狀態，那麼沒錯，關心他人的權利和需求或許會跟自我利益有所衝突。在乎的人可能因為這個世界的狀態而感到難過；不義之人可能很快樂。但，快樂不是唯一一個值得我們想要的東西。在本書的一開始，我們假設有一個人名叫瑪雅，她被接上一個人工模擬器，完全沒意識到她遇見的每個人、她所做和所知的大部分事情都是假的。瑪雅很快樂，但她活得並不好；她甚至稱不上是活著。現在，假設自我利益的目標不是快樂，而是人類的興旺。換句話說，假設我們希望過著好的人生。可是，活得好就是按照我們應該活著的方式活著，感受著有理由去感受的東西，做著有理由去做的事情。如果我們有理由在乎他人的權利和需求，那我們不關心他人就不可能活得好。所以，自我利益和道德是相輔相成的。

這並不表示，在乎他人的權利和需求真的有一個好理由，或者他人有權利讓我們陷入不利的處境。假如有那樣的理由且他人有那樣的權利，道德就是活得好的要素之一；假如沒有那樣的理由或他人沒有那樣的權利，道德就是一場騙局。無論如何，問題不在道德和自我利益彼此分離時該怎麼辦，而是我們對這個世界的不公應該做出什麼樣的反應。在一個壓迫、不公和戰爭持續存在的時代，活得好的意思是什麼？為了回答這個問題，我要檢視一位道德聖人的生平。

有些人就是看不慣別人痛苦。哲學家西蒙・韋伊（Simone Weil）在一九〇九年的二月三日，誕生於巴黎。第二次世界大戰期間，她親眼看見自己的家園遭德國入侵。她跟父母一起逃到紐約，之後獨自前往倫敦，三餐只吃法國被入侵期間可以吃的配給量。她終其一生都以這種方式實踐她的團結心。傳記作家帕爾・尤爾格勞（Palle Yourgrau）寫道：「當她聽說第一次世界大戰的士兵在前線被禁止吃甜食時，年幼的西蒙就戒了巧克力。」當時她不到十歲。她二十年後在法國教書時，會把自己的薪水給需要的工人；失業者沒有錢開暖氣的時候，她拒絕開自己公寓裡的暖氣；她還堅持到工廠和農場工作，讓已虛弱的身體更加受不了。她總會勞動到筋疲力盡，無法跟上工廠生產線的速度；她曾在葡萄園每天工作八小時，「時常累到沒辦法站著，所以就躺下來繼續採葡萄。她會在天亮時分擠牛乳、剝蔬菜，並一如往常幫當地的孩子做功課。」韋伊最後在一九四三年的八月二十四日餓死，因為她一邊在肯特郡的療養院治療肺結核，一邊仍然堅持只吃自訂的配給量。但她始終毫無怨言。她曾這樣形容她的生命最後終止的地方：「真是美麗的臨終病房。」

韋伊的自我犧牲存在一個可怕的邏輯。別人挨餓的時候，她還能吃東西，她覺得很不公平，既然她不能餵飽別人，那她也要餓肚子。她高中時在替雷蒙．阿隆（Raymond Aron）和西蒙．波娃（Simone de Beauvoir）的老師「阿蘭」（埃米爾－奧古斯特．沙爾捷（Émile-Auguste Chartier）的筆名）撰寫一篇文章時，便想出這樣的原則了。韋伊在文章裡提到亞歷山大大帝在西元前三二五年，跟軍隊一起橫越沙漠的故事。士兵把水裝在頭盔，要給亞歷山大喝，他卻把水倒到沙子中。韋伊說，如果他喝了那些水，「亞歷山大的健康，會使他跟他的手下有所區隔。每一位聖人都把水倒了，每一位聖人都拒絕保護自己的身體，不要跟世人的痛苦有所區隔。」

韋伊具有一種超塵脫俗的特質、一種近乎不人道的執拗。她的家人叫她「山怪」；阿蘭叫她「火星人」；有些人則叫她「紅聖母」或者「穿裙子的定言令式」（定言令式是康德針對道德法則做出的嚴格公式）。一九四二年，韋伊被困在倫敦時，她積極爭取讓一個中隊的護士空降到前線，打算自己率領他們。韋伊承認：「這個計畫乍看之下似乎無法實行，因為沒有人這麼做過。」可是，她非常認真。

韋伊從小被當成世俗猶太人養育，後來在一九三七年造訪阿西西的時候，第一次擁有深刻的基督體驗，隔年又在索萊姆的本篤會修道院經歷類似的事件。她一向抱持著異端思想，無法接受舊約聖經那個暴力的神或者處罰不信神者的宗教。韋伊雖然在基督身上看見神，卻不認為神只出現在那裡：「我們無法肯定在耶穌之前聖子沒有降生過，無法確定埃及的歐西里斯或印度的黑天不是只出現在這些地方。」

充滿神祕主義的韋伊雖然窺見另一個世界，但她也尖銳批判了我們的世界。在精挑學生的高等師範學校攻讀哲學時（韋伊在一九二八年以榜首身分入學，哲學家西蒙・波娃則是第二名），她協助創立了教育鐵路工人的學校。韋伊參加過各種遊行和罷工；她跟列夫・托洛斯基（Leon Trotsky）見過面，並批評他；她抗議西班牙內戰的法西斯主義。韋伊針對工人受到壓迫的現象，書寫暴力（而不只經濟力量），所扮演的角色。她看出了政治宣傳的力量，警告濫用語言可能會讓人們互相對立。韋伊使用哲學闡述這一點：「釐清思想、拆穿本質上沒有意義的文字、透過精準的分析定義其他文字的用法——聽起來雖然很怪，但這麼做或許可以拯救人命。」

如果要說誰是認真看待不公和人類的痛苦、不為自己找藉口的範例，西蒙・韋伊一定是最好的典範。問題在於，她的範例太嚇人了。很具有啟發性沒錯，但也十分嚇人。我沒辦法像韋伊對待她的人生那樣，對待自己的人生。我們之中有誰做得到？假如那樣才是在乎不公，那我或許一點也不在乎吧。或許我也不該在乎。

正是因為這樣的疑慮，我們才會求助哲學，尋找證明我們應該在乎的論點。哲學家盡全力證明了。柏拉圖在《理想國》裡主張，一個人的靈魂若不存在某種正義，性靈不可能健康，並說如果我們就在自己體內，便無法對他人不公。兩千年後，康德則聲稱，我們如果沒有遵循道德法則（不把他人當成手段，而是當成目的），那麼我們不可能真正自由。然而，這些證據都沒有用。你不可能跟極端自我主義者講道理，希望這樣他們就會關心別人。我們應各自追尋自己的快樂，不管其他人，這樣的觀點本身沒有任何矛盾之處。試圖透過講道理的方式讓一個人打消這個看法，就好比試圖說服一個虔誠的陰謀論者這世上沒有陰謀，或是跟深信外在世界全是虛假的懷疑論者進行爭辯。他們就是不會接受跟他們的觀點相左的任何主張的預設前提。

這並不是因為他們是對的，而是因為我們又被擺了一道。知道陰謀論是假的或者我們的世界是真實的，這是一回事；要說服一個想法恰恰相反的人，是另一回事。我們問的是，我們該不該在意不公，魔法師卻在我們看不出差別的情況下巧妙地翻轉了這個問題——我們能不能向他證明我們應該在意？我們無論如何都知道正義很重要，即使我們無法改變一個頑固的懷疑論者的想法，因為那不是倫理學的重點。韋伊語帶嘲諷地寫道：

> 想要把錢占爲己有的人（這筆錢屬於別人），不會因爲讀了（康德的）《實踐理性批判》就不那麼做。他不那麼做，是因爲他禁不住覺得這筆錢本身的某個東西極力要求被歸還。

如果你不是原本就在乎正義，閱讀康德的著作很可能也沒有用。

講道理的替代方式是什麼？留心或仔細閱讀。韋伊認為，「閱讀」是一個譬喻，用來比喻我們在面對這個世界、評估應該如何做出反應時不斷在進行的詮釋行為。她寫道：「因此，在人生的每一刻，我們一直都被自己表面上讀到的意義從外面緊緊抓著天空、大海、太陽、星辰、人類，我們周遭的一切跟我們閱讀的文字是一樣的。」所以，閱讀是自然而然的行為；然而，要讀得正確卻很困難。

想想被我們在第一章拋下的錄事巴托比，他情願不離開辦公室、不工作、不吃飯，什麼事都不做。這個難以理解的行為有何意義？詮釋《巴托比》這本書，就跟詮釋巴托比這個人一樣棘手。梅爾維爾的這篇故事有多少讀者，就有多少種解讀：巴托比跟梅爾維爾一樣，拒絕為了賺錢寫東西；巴托比是存在主義者；是虛無主義者；是先驗主義者；是異化的工人；是社運人士或抗議人士——還有許多許多解釋方式。巴托比被困在一個重複性極高、極為無意義的沉悶工作裡，這樣的體制把像他這樣的抄寫員變成了「人類印刷機」。然而，關於這個故事，丹・麥考爾（Dan McCall）寫了一本充滿移情作用的著作《巴托比的沉默》（*The Silence of Bartleby*），駁斥每一位將巴托比當成某個象徵意義看待的評論家。他說，這樣「是在對巴托比施暴，奪走了他的沉默。」雖然我要找沉默寡言到了極點的巴托比來支持我的論點，但我會盡量不那麼做。

巴托比最棒的讀者，就是那位負責敘述他故事的律師。評論家通常都說梅爾維爾的敘事者象徵剝削勞工的資本主義家，看不見巴托比的人性。但，這樣看待這位律師的人也是在對他施暴，因為他們奪走了他愛講話的性格。若說這位律師看不出巴托比的人性，他卻也不曾停止嘗試。律師拒絕使用徒有空殼的「情願」字眼（巴托比「情願不要……」），而是一再嘗試使用文字理解巴托比。他寫道：「我看見那個人了，蒼白地整齊、可憐地受人敬重、無可救藥地淒涼！他是巴托比。」面對這位頑固的員工，律師驚慌失措，不斷使用類似的複合形容詞。巴托比「憔悴又紳士地滿不在乎」，他「無力地反叛、溫和地恣意妄為、美好的溫柔、悲哀的友善、呆板的不遜、簡樸的保守、溫馴地順從。」巴托比「極度沉著」、「極度溫和」。

我不是說這位律師掌握了巴托比的性格，因為他做不到。企圖透過文字了解巴托比，就好比想要張開雙臂抱住鬼魂，最終這位律師只會抓住自己。但，他的確有試圖公平對待一個活生生的人類，試圖說出能告訴他該怎麼做的事實。這位律師對巴托比很有耐性，甚至還提議巴托比住他家，這些都要跟他謙遜的用詞放在一起看。

梅爾維爾筆下的這位律師，讓我聯想到艾瑞斯．梅鐸思想實驗裡那位被稱作「M」的母親。M認為她的媳婦D「冒失放肆、不夠識大體、唐突、有時相當地無禮、總是稚氣到令人厭煩」，但她慢慢擺脫自己的偏見，「直到最後，她逐漸改觀了」：「她發現D並不是粗俗，而是令人清新地單純；不是有失體統，而是隨性自然；不是聒噪，而是爽朗；不是稚氣到令人厭煩，而是討喜地年輕活潑等。」梅鐸認為，這位母親改變了自己的認知，或許反而更接近事實。不是「擁有對於一般世界毫無人情味的類科學知識（不管那究竟是什麼意思），而是對真正的事實抱持精煉誠實的認知。那不僅是放開心胸、也是某種絕對熟悉的道德原則所帶來的結果。」

這就是梅鐸和韋伊所說的「留心」。讓我們想實踐倫理的不是大道理，而是因為我們體悟到事實。我很肯定，很多人奉行純素主義是因為讀到或看到工廠化農場的相關描述或影像，而不是基於後來才出現的論點（即使有些論點很好）。人類的痛苦與不公也是這樣的。我用手機閱讀頭條新聞時，不需要聽到任何相關論點就會皺眉頭。我只要吸收事實就夠了，也就是不單單把這些新聞當成片段的資訊或連結，而是看作他人生命的證據。梅鐸寫道：「我們愈是能夠體認到他人的區別性和差異性，愈是能夠看出別人的需求和願望跟我們自己的一樣重要，就愈不會把人當成事物對待。」這段話不只是推測而已。政治心理學家克莉絲汀．孟洛（Kristen Monroe）在一個很了不起的利他主義研究中探討了人們願意承擔巨大風險幫助陌生人的動機。她說：「利他主義者看世界的方式很不一樣，他們會做出利他行為，是因為他們體認到，需要幫助的人也是人類，因此值得獲得特定的待遇。人性加上需求，這是唯一的道德理由，唯一的利他主義公式。」

難就難在維持這樣的觀點，不對周遭的人視而不見或將頭條新聞視為空洞的文字。韋伊在思索同情心的難處時，警告：「我們的思想總是快速且難以克制地遠離苦難，就像動物遠離死亡那般。」我的眼睛快速跳過新聞內容，手一直滑，好讓自己保持在水面上，不游入深處。在困擾的情緒中，我忘了我遇到的每個人也有自己的困擾，就跟我的一樣迫切真實。這就是為何，你現在在閱讀的這本書雖然跟你我生命中的苦難有關，卻也能夠實現道德目的。在思考人生的艱難時，我雖然一直想到自己，卻也忍不住想到他人，想到許許多多的人類面臨了我沒有面臨到的不幸。

我們有肉體上的痛苦，也有對過去和未來的自己及他人出現同情心的可能；我們有適應身體障礙的挑戰，因為偏見和大環境不夠通融，時常讓人難以適應；我們還能展現人生尊嚴的情感需求，因為孤立和失去而無法滿足。我們發現，愛原來是一種道德情感：除非你看見一個人的價值，在失去愛之後這個價值仍然存在，否則你就不是真的愛這個人。就算沒有了你，他們仍然是重要的；由於任何人都能被愛，同樣的道理便適用於每一個人類。

韋伊和梅鐸都把留心和無條件的愛這兩件事連結起來。韋伊寫道：「在人類之中，只有我們愛的人的存在完全受到承認。」、「友誼具有一些普世意涵，它代表我們愛著一個人類，就像希望自己能夠愛每一個靈魂（特別是組成全人類的那些靈魂）

那樣地愛著他。」梅鐸則表示：「愛是對個人的認知；愛是成功察覺到除了自己以外，還有某個人事物也是真實的。」這裡的重點並不是要宣揚普世的愛，而是在強調愛持續的尊重。我們在愛當中尋求的價值正是不公所違背的價值。正義和愛不是互無關聯的美德（像是真與美），而是同一個美德的不同面向：一個是我們應該為彼此做到的最低限度，一個是我們的人生交會的極限。

愛與正義之所以很難做到，部分原因是我們都有逃離痛苦的衝動，以及梅鐸認為我們每個人內在都擁有的「難以消除的龐大自我」。然而，還有部分原因是外在的阻礙，像是扭曲社會世界、讓我們看不見事實的意識形態，例如：用各種計畫定義人生、認為每個人不是失敗組就是勝利組的意識形態。哲學無法向不在乎他人的人證明他們應該在乎他人，但是哲學可以幫助我們釐清不公的意涵，告訴我們應該怎麼做。這就是論證該出馬的時候，但是我要提出的不只有論證，還有清晰的思路（韋伊的反政治宣傳思想）以及觀念的翻轉。如果用梅鐸的話來說，就是：「道德哲學家的任務是要像詩人一樣推展語言的限制，靠語言來照亮原本黑暗不清的地方。」這裡，我們遭遇的黑暗是世界的不公及無力改變不公的那種感覺。所以，哲學可以為我們點燃一盞明燈嗎？

柏拉圖的《理想國》，開頭講的雖然是正義這個被格勞孔那位隱形的牧羊人所不屑的特質，但是之後卻猛然改變方向，開始談論政治。大部分的對話內容都在描述柏拉圖烏托邦（或稱「美麗的城市」）的建構。在這個烏托邦裡，每位公民都被分配到三個階級當中的一級，終生不變。這三個階級是：統治這座城市的哲學家守衛者；保護這座城市的附屬守衛者；認真工作、滿足城市物質需求的生產者。守衛者沒有私有財，家庭單位也被廢除，孩童交由這座城市共同撫養。這座城市的正義就在每個人都在做自己分配到的職責。

不意外地，之後的哲學者很少有人接受柏拉圖的規則，認同這種義務勞動和共同教養的壓迫政體。但，很多哲學家都有跟柏拉圖一樣的野心，想要描述一個絕對正義的社會秩序。這個目標經歷了許多波折起伏，最後由政治哲學家約翰・羅爾斯（John Rawls）重新復興，寫入一九七一年的《正義論》（*A Theory of Justice*）一書。羅爾斯認為，政治哲學應該先從「理想理論」開始，描述一個完全正義的社會，這個社會以「嚴格順從」方針進行統治（意思是每個人都遵守正義原則），並有充足的物質產品。羅爾斯把這稱作「寫實烏托邦」，把人設定成「原本的樣子」，法律設定成「可以成為的樣子」。烏托邦描述出來後，我們要轉向「非理想理論」，將我們實際的處境納入考量。這個理論告訴我們，要透過道德允許範圍內最有效的手法朝烏托邦的目標努力。

從本書的預設立場來看，你應該猜得出來，我不認為政治哲學應該先想像出一個完美的正義，就像我不認為倫理學應該從亞里斯多德描述的理想人生出發。我們不需要烏托邦的藍圖，也能看見這個世界的不公。看看美國的過去和現在就知道了：驅逐和殺害原住民族；奴隸所有制；重建時期的失敗；吉姆．克勞法；紅線政策；集體監禁；警察暴力；選民迫害。不用理想理論的幫忙，我們也察覺得到不公。理想理論並沒有點出改善的方針。從本質上來說，理想理論會將迫害結構抽象化，在最糟的狀況下甚至會模糊迫害結構（烏托邦沒有考量到種族）。

無論如何，我不認為我們目前有辦法構思一個理想的世界。法蘭克福學派的哲學家在二十世紀中葉提出的「批判理論」給我們的其中一個啟發是，意識形態會扭曲我們對人類潛力的認知。舉一個例子來說：我們很容易認為自駕車、機械化工廠、電腦化數據輸入等自動化技術會威脅就業市場，讓數百萬人窮困潦倒，而不是認為這些技術可以將我們從苦力中解放出來。這不只是現實，或對現在在政治上可能實行的理想做出讓步。將有生產力的勞動視為自尊的來源，這種意識形態也支持上述的情境。但是我們卻忘記，這層連結可能是這個意識形態所試圖合理化的經濟體制創造的。今天假如沒有人需要工作，「失業」還算是失敗嗎？我不是說在那種情況下，失業肯定不算失敗。我只是說，在跟目前為止經歷過的狀況大相逕庭的社會條件下，我們不可能得知人生會變成什麼樣子，不可能得知我們跟工作或彼此的關係是什麼。

所以，政治哲學不應該透過理論敘述絕對的正義，因為我們沒有辦法描繪出理想的世界。反之，政治哲學應該幫我們看清這個世界哪裡出了問題、我們必須做些什麼來改變現況。批判理論哲學家狄奧多・阿多諾便是這樣看待政治哲學。他在第二次世界大戰後出版了由小段小段文字集結而成的《小倫理學》（*Minima Moralia*），提到他拒絕幻想「一個解放的社會」或「人類潛力獲得實現」。阿多諾認為，我們現在不可能以解放為目標，因為我們不知道這些字代表什麼。從人類歷史的殘骸中解讀人類的潛能，就好比藉由長在焦土中的植物來鑽研植物學——我們看得出這些植物缺水，卻看不出它們開花後會變成什麼模樣。阿多諾認為，「唯有最粗鄙的要求才有溫柔存在，那就是再也不要有人挨餓。」我們無法設想烏托邦，但至少我們可以回應未被滿足的需求。

這個要求把道德解釋得很清楚，但是也漏了某些東西。這讓人聯想到「有效利他主義」這個概念，意思是無論我們做了什麼幫助有需要的人，我們應該使用最有效的方式來完成。威廉．麥克阿斯克爾（William MacAskill）和彼得．辛格（Peter Singer）等有效利他主義者主張，富人應該多盡一些心力幫助窮人。更明確地說，他們主張我們應該捐錢給最有效的慈善機構。此外，他們也花了很多時間為機構的效力評分，算法是每一個「生活品質調整後存活年」所耗費的金額（蚊帳和瘧疾藥物優先）。有些人批評有效利他主義者，認為他們忽視政治，沒有考慮貧窮和人類苦難的社會成因——政治上的解決辦法很難量化。但，他們也沒有考量到責任的問題。有效利他主義者把每一種需求一視同仁，卻沒想過有些需求比其他需求更重要。當人類苦難的原因牽扯到我們自己時，我們跟苦難的道德關係就比這些原因與我們無關的時候還迫切。

哲學家可以幫我們釐清這些糾纏的結。於是，五十七歲亡於癌症的政治理論先驅艾瑞斯．瑪麗恩．楊（Iris Marion Young）提出「結構不公」的概念（不公並不是不正義的態度或行為造成的局部問題，而是互動地產生）以及責任的「社會連結模型」。這些概念可以點亮黑暗。

不公如果是結構性的，就表示催生或維持不公的風氣不一定跟偏見或特定的不正義行為有關。例如，即使沒有人對女性的能力抱持性別歧視的觀感，或因為她們是女性而不給她們工作，未支薪的孩童照護和家務，絕大部分都是女性完成的，這種性別勞動分工方式在體制上仍對她們不利。這樣的不公不是源自任何特定的排斥態度或行為，而是源自我們的集體預期心理，因此便具有結構性的本質。

楊認為結構不公是我們的責任，這個論點從根本上區分了責怪和改變的責任這兩回事。我再舉一個例子：雖然把美國的種族歧視歷史怪在今天的美國人身上很不公平，但我們的確經常捲入讓種族歧視的遺風繼續流傳下來的體制中。想想教育體制：美國城市實際是呈現種族區隔的狀態，由於學校是由各地稅金資助，而黑人社區相當貧窮，所以他們的學校平均來說，比富裕社區的學校獲得的資金還少，教育機會平等完全是個迷思。雖然這些體制不是我造成的，但是當我在麻州的布魯克來恩買房時，我也捲入了這些體制，因為我在那裡購屋一部分的原因是因為那裡的公立學校很好。楊寫道：「責任的社會連結模型認為個人也要為結構不公負起責任，因為他們藉由自己的行為助長了不公的結果。」她說的就是我。

楊的重點不是要引起罪惡感或羞恥心，而是要強調我們都有義務做出改變。這就是她所謂「責任」的意思。我希望我的孩子接受良好教育並沒有錯，我責怪學校獲得資金的方式也沒有錯，但我應該推廣改革，矯正我所助長的不公現象。楊的模型不只可以用在那些透過社會實踐助長不公的人身上，也可以用在從不公的過去獲得好處的人身上。例如，過去的殖民徵收史和奴隸制讓很多美國人得到好處，但這些體制就是白人家庭和黑人家庭的財產中位數差距極大的原因之一（前者的財產中位數約為十八萬八千美元，後者約為兩萬四千美元）。原住民的相關數據很少，但是有一份二〇〇〇年的調查報告顯示，一個美洲原住民的淨值中位數為五千七百美元，這個數字是從一九九六年的數字降下來的。我們不需要從這些不平等的現象當中獲益、變成不公的受益人，進而遭到怪罪。

面對這些現實狀況，我們要怎麼做？阿多諾寫道：「有一個幾乎不可能解決的任務，那就是不讓他人的力量、也不讓自己的無力嚇壞我們。」楊主張，「負起責任不是守舊，罪惡或過錯的歸咎才是。」這不是該責怪誰的問題，而是政治行動的問題：「為結構不公負起責任，指的是跟別人一起組織集體行動、改革結構。」楊坦承，這的確是個令人卻步的責任：「如果我要為每一種透過自己的行為助長的結構體制，所造成的社會不公分擔責任，那麼我需要負責的東西非常多，光想像就令人癱軟。」但，面對癱瘓的正確回應方式不是什麼都不做，而是要走出第一步，做一件事就好。

請容我坦言（或者應該說，重申），我在這方面不是一個值得效法的典範。我做得並不多，只是偶爾參加遊行和政治活動、定期投票、跟朋友聊政治等等，這些都不太可能會帶來多大的改變。對於像我這樣的旁觀者，楊提出了政治哲學家班・勞倫斯（Ben Laurence）所說的「改變行動者的問題」。光是發現不公或者投票給你喜歡、但通常對你希望看見的改變漠不關心或會帶來阻礙的政治人物，這樣是不夠的；此外，獨自一人做出行動通常徒勞無功。我們的任務是要找到有力量和意志讓改變發生的集體行動者，如各種社會運動、聯盟和利益團體。

我不太算是社運人士，更不是社運領袖，但是我經常對這個世界的不公感到難以招架。如果你也有同感，我建議你挑一個議題就好，然後找一個可以加入的團體。我挑的議題是氣候變遷，加入的團體則是麻省理工零化石燃料（Fossil Free MIT）。

有些人認為，氣候變遷的倫理觀跟「替未來做善事」有關，也就是要為後代留下夠美好的世界。事實上，這跟過去和現在的不公議題也有關係。氣候變遷造成的暴雨、水災和旱災、作物歉收、缺水以及難民危機等，對那些什麼也沒做的地區所帶來的影響卻比較大。地球現在已經比一八五〇年的時候溫暖攝氏一・一度。按照目前的上升速度，地球將在三十年後上升攝氏兩度，孟加拉將有一百萬人因海平面上升而永久流離失所。中非降雨量將減少百分之十到二十；在氣溫較高的地區，氣候變遷的效應會更顯著。同時，南亞和中亞因山區冰河消失，將有數億人沒有淡水可用。假如氣溫上升超過攝氏兩度，結果會更可怕。但，造成氣候變遷的溫室氣體雖然有超過一半是已開發國家排放的，這些國家受到的影響卻不會最嚴重。若把時間拉回一九九〇年，也就是我們還能相信有人聲稱自己對氣候變遷一無所知的最後一年，美國和歐洲排放了百分之二十五以上的溫室氣體，中國則是百分之十五。再把時間拉回現在，人口不到全世界百分之五的美國仍然排了將近百分之十二的溫室氣體，而在撒哈拉以南的非洲，人均排放量只有美國的二十分之一。

為了自己的利益對他人造成極大的傷害，這很顯然就是不公。這就是格勞孔故事中的牧羊人隱形之後所做的事：殺死國王，奪走王位。我住在一個花錢贊助氣候變遷，且幾乎沒有採取任何正經措施，來減緩或預防氣候變遷的國家。跟任何人一樣，我和化石燃料經濟密不可分。我是這個不公現象的參與者和受益人，因此產生了責任，有義務做出行動。在我大部分的人生中，我幾乎什麼也沒做。我不知道該怎麼做，但我也沒有很努力地想。我有點擔心我的碳足跡，這並沒有錯，但這也完全不是做出改變所需要的集體行動。二〇〇七年，麻省理工有個班級算出美國一位遊民的碳足跡。他雖然沒有用電，但仍然必須靠跟化石燃料有關的基礎設施過活，因此計算的結果是，他的碳足跡還是比住在撒哈拉以南非洲地區的人高出十倍。這是體制方面的問題。英國石油會強力宣揚每個人都該關注自己的碳足跡可不是巧合——這是他們轉移注意力，不讓自己成為眾矢之的的方法。

我在二〇一四年搬到麻省理工之後，情況出現了轉變。剛來到校園時，我發現校園似乎裝飾了某種當代藝術，建築物的外牆和周遭環境都貼了藍色的警示帶，總共綿延了六點五公里。警示帶張貼的高度不一，總是離地至少幾十公分，有時掠過我的腳踝，在我走向辦公室時更湧到我的腰部，掃過一扇扇門窗。靠近看，會發現帶子上印了這樣的訊息：「全球暖化淹水高度——告訴麻省理工：撤資化石燃料產業」。這些藍色帶子是零化石燃料學生團體設置的，標出假設在二〇五〇年預測的海平面高度發生一點五公尺高的暴潮（就像二〇一二年波士頓發生的暴潮）時，海水會淹到校園的哪裡。在這樣的情況下，整個麻省理工都會被淹沒。

設置藍色警示帶之後，學生在學院的贊助下強行推動了為期一年的氣候變遷對話，目的是要一個由學生、教職員和行政人員所組成的委員會擬出政策提議。撤資是其中一個重點，希望麻省理工不要將一百八十億美元的捐款捐給化石燃料的公司。經濟制裁在歷史上很常被用來對付冥頑不靈的制度，包括協助終結英國奴隸制的蔗糖制裁，以及反抗南非實行種族隔離政策的撤資活動。委員會以九比三的票數投票通過，認為麻省理工應該對煤和瀝青砂這兩種，對環境造成的傷害最大的化石燃料提取形式進行撤資，並一致同意召開倫理顧問會議，檢視麻省理工的捐款分配。

我跟學生一起關注事件發展，但在夏天過去後，麻省理工宣布他們跟董事會商討的結果是，他們的第一個氣候行動計畫將不採用自己的委員會做出的建議（應該可以算得上美國氣候相關法案最猛烈的反對者大衛・柯克（David Koch）在當時便是麻省理工董事會的終身成員，也是麻省理工最慷慨的捐款人）。換句話說，麻省理工不會撤資，也不會在乎倫理。

我從這個時候開始更認真地投入，協助舉辦教職員對這項決定的抗議活動，並支持聚集在校長室外提出要求的學生。學生帶頭，我跟教職員跟在後面，提供食物和道德支持。這次靜坐抗議有時候只有屈指可數的人，卻延續了四個月之久，度過二〇一六年的春天。最後，學校總算讓步，雖然沒有撤資，但卻成立一個顧問委員會，負責追蹤麻省理工跟化石燃料公司的「互動」策略，並且建立一個探討氣候變遷倫理的論壇。這並不理想，但是經過了六年後，現在又有一個新的學生團體「麻省理工撤資」重新對行政單位施壓。

我說這麼多不是因為這是成功的故事（也不是失敗的故事），而是因為這個故事顯示我們需要一個能夠做出改變的行動者。我克服了無所作為的自己，因為我找到集體行動的焦點，看見真的有做出改變的可能。麻省理工沒辦法忽視學生——就算沒有其他原因，至少他們也要顧及公關形象。因為有這些學生，我們才有氣候行動計畫。雖然結果不是我希望的那樣，但是這次參與卻是我最接近實現艾瑞斯．瑪麗恩．楊所提出的正義責任的一次。

我前面說過我不是典範，這到現在還是如此。自從二〇一五年，我發表了一些關於氣候正義的演說，並在網路上談論這個議題。三年前，我跟一個同事在麻省理工開了一堂氣候變遷倫理學的課程。我很肯定這些是不夠的，教氣候倫理學有什麼用？或許可以提升人們的意識，可是假如你不是原本就在意這些，怎麼會來上這堂課？我比較可能做到的，是建立社群，並讓學生深入認識我們所面臨的問題。我希望我教過的學生以後會實現我無法實現的責任。因為自己做得不夠多，我仍懷抱不少罪惡感。

對於你最在乎的議題，你可能也具有同樣的罪惡感，不管那個議題是集體監禁、貧窮、投票權或公民權。我們有沒有盡全力對抗不公？這是每個人都可以思考的問題，但是對像我這樣的哲學家而言，這個問題呈現另一種樣貌，激起了關於理論與實踐的老爭議。馬克思對身為德國哲學家和人類學家的路德維希．費爾巴哈

（LudwigFeuerbach）曾做出知名的第十一條提綱：「哲學家只是用各種方式詮釋世界，但重點是要改變世界。」班・勞倫斯在關於改變行動者的文章最後，表明自己很擔心「學術會讓哲學家跟許多改變行動者分離，尤其是當這些行動者遭受嚴重的不公與迫害時。」狄奧多・阿多諾的生平事蹟便是這份擔憂的縮影。

阿多諾在一九〇三年生於法蘭克福，父親是酒商，母親則是職業歌手。阿多諾稱得上是神童，十二歲之前就會彈奏貝多芬的鋼琴曲目。他後來跟阿班・貝爾格（Alban Berg）學作曲。然而，他真正的成就是使用法蘭克福學派的批判理論來揭露阻礙人類蓬勃發展的意識形態。阿多諾是德國猶太人，因此一九三三年沒取得教書的權利。兩年後，他前往牛津，跟英國哲學家吉爾伯特・賴爾（Gilbert Ryle）學習。阿多諾在牛津寫了一篇批評爵士樂的文章，使用假名赫克托爾・羅威那（Hektor Rottweiler）發表。另外，他並不喜歡流行文化。

阿多諾在一九三八年移居紐約，後來又搬到洛杉磯。洛杉磯有不少著名的德國移民，如劇作家貝托爾特・布萊希特（Bertolt Brecht）、小說家湯瑪斯・曼（Thomas

Mann）以及作曲家阿諾・荀白克（Arnold Schoenberg），所以這裡有「太平洋的威瑪」之稱。阿多諾在美國寫了他最有名的幾本書，包括《啟蒙辯證法》（*Dialectic of Enlightenment*，跟另外一個批判理論家麥克斯・霍克海默〔Max Horkheimer〕合著）、《新音樂哲學》（*Philosophy of New Music*）和《小倫理學》（*Minima Moralia*）。阿多諾在一九四九年回到法蘭克福，在那裡住到二十年後去世，期間完成了兩本傑作《否定辯證法》（*Negative Dialectics*）和《美學理論》（*Aesthetic Theory*）。

我之所以會談到阿多諾，是因為他受到馬克思（他基本上放棄了有建設性的政治參與）的影響，是工業資本主義尖銳的批判者。阿多諾非常負面，有時甚至負面得很滑稽。在《小倫理學》這本書裡，他的口吻有時就像哲學大師和脾氣差的大叔兩者的結合，對當代生活瑣事發表辛辣的言論。例如，他寫道：「我們漸漸忘記如何送禮。」

真正的贈送，會讓我們因爲想像收到禮物的人的喜悅而喜悅。送禮意味著挑選、花時間、不怕麻煩、把對方想成一個題材，是不專注

的相反。現在，幾乎沒有人能做到這點。他們頂多是送自己會喜歡的東西，但是品質差了一些。

他會這樣嘮叨，是因為把世界想得十分糟糕：「哲學家過去所知的人生已經變成私密存在的場域，現在更純粹是消費的場域，宛如物質生產過程的附屬物一樣被拖著，沒有任何自治性或內涵。」我們是活死人，沒有蓬勃發展的可能。

阿多諾親眼看著德國革命在第一次世界大戰的尾聲失敗。這場革命是曾經在大戰中打過仗的工人所率領的社會主義起義，但是不到一年就被威瑪共和國的中立派聯盟鎮壓。阿多諾擔心，如果無產階級沒辦法像馬克思設想的那樣帶來轉變，那就沒有改變的行動者了，只能退回學術圈，描述社會的矛盾，直到局勢改變。跟阿多諾同時代的格奧爾格・盧卡奇（György Lukács）相當譴責這種退縮的行為：「包括阿多諾在內的德國領先知識份子有很多人都窩在『深淵大飯店』。這是一間美麗的飯店，配備令人舒適的一切，位在一個深淵、虛無與荒謬的邊緣。」

盧卡奇說得很有道理。法蘭克福在一九六八年發生學運時，阿多諾打電話叫警察逮捕學生。為此，學生跑到他的課堂上大鬧，要求他道歉。最後，女性抗議者甚至「把他包圍在講臺上，露出胸部，往他身上丟玫瑰和鬱金香花瓣。」最終，阿多諾中斷講課逃跑了。學生變成社運人士時（像是在一九六七年，從法蘭克福回到美國加入黑豹黨的安潔拉．戴維斯〔Angela Davis〕），阿多諾對他們的努力不屑一顧。戴維斯後來寫道：「他說我想直接參與那個時期的激進運動，就好像一個媒體研究學者決定成為廣播技師一樣。」她後來變成一位哲學教授，因煽動示威抗議而成為聯邦調查局的十大通緝要犯之一，同時也是監獄工業複合體十分具有先見之明的批評者。

在我看來，阿多諾是一則警世寓言：他是一個天才思想家，卻說服自己教書和寫作就能取代反抗。這是學者的職業風險，就像知識界的自欺欺人。就算我們的努力真能帶來實質成效（有時確實可以），我們依然可以做得更多，滿足正義責任。這適用於任何人，畢竟誰能說自己這樣做就夠了呢？

阿多諾的例子可以給我們一些啟發。他之所以如此悲觀，之所以選擇退縮，是因為他相信「錯誤的人生無法過得正確」（引自《小倫理學》）。他的意思是，在玷汙社會生活所有層面的不公條件底下，我們不可能活得好，我們連蓬勃發展是什麼都不知道。但是，這句格言確實蘊含了一個真理：基於我們的本質，我們知道要求自己活得正確是有限度的。不是所有的人都可以變成西蒙·韋伊，或許沒有任何人可以。我們能夠過什麼樣的生活，要看我們的心理和社會條件、我們對社會世界的理解，以及維持心靈平靜和實現對親友的義務的需求（這裡也隱含一些艱難的問題，像是對於那些本身就遭遇不公、連生存都有困難的人，我們能要求他們什麼）。可是，雖然我們知道我們有極限，但是我們不知道自己的極限在哪裡。結果是，每當我問自己，為了實現正義責任我做得夠不夠多？答案非常不可能是肯定的。我剛剛好達標、做了能期待自己做到的最多的事，這樣的機率有多大？我想應該是接近零。因此，我幾乎可以肯定自己永遠無法達標。我或許很明顯沒有做夠，但其實同樣的邏輯幾乎可適用在任何人身上，就連那些比我做得多上許多、將自己的一生奉獻在社會改革的人也是。他們也無法確定自己做得夠了。在極度不公的環境中，我們被迫質疑自己是否真的過得好。

但，我們還是可以從中找到啟發和慰藉。我們不該因為自己感到愧疚而太過難過，因為我們不是因為做錯事而愧疚。更重要的是，我們不該因此打退堂鼓，認為自己的努力太過渺小。我們的努力或許很渺小，但是以雙手一攤、不再努力的方式回應是很糟糕的。朝正義邁向一小步，那一步是蘊含價值的，而且一步還會帶來另一步。獨自一人雖然很難帶來改變，可是就連百萬人大遊行也是由一個一個的個人組成的。此外，什麼樣規模的集體行動都有，我們可以選擇加入本地聯盟抑或是示威抗議和政治運動。

有些人面對人類苦難的規模會感到絕望：「我做什麼都沒有意義，還是會有數以百萬計的人受苦。」可是，這種想法完全搞錯了。你做的或許不夠多，但是不管你是救了兩個人當中的其中一人，或是兩百萬人當中的其中一人，你都拯救了一個生命，兩種情況產生的改變是一樣的。一次抗議或許改變不了世界，但它會為改變成功增加一點機率。忽視那一點點、一點點的增加是不對的。因為知道還有人承受更大的苦難而不讓自己發揮同情心，也是犯了同樣的錯。詩人理查・雨果（Richard Hugo）寫道：

「這應該是我所學過最重要的一課，應該是一個人所能傳授最重要的一課：你是一個人，你有權利掌握你的人生。」你也有權利掌握你的痛苦。

最後，我還想提出一點，在這方面我便相當能夠理解阿多諾，那就是他對藝術和抽象思維的深厚情感。他窩在「深淵大飯店」聆聽貝多芬的晚期四重奏，卻不支持法蘭克福的學生，這或許不對。阿多諾對爵士樂顯然也有所誤解。但是，他抗拒「改善的專橫」卻沒有錯。所謂「改善的專橫」，指的是面對危機時刻，唯一值得我們去做的就是對抗不公，好讓事情不那麼糟糕。地球在燃燒時，我們怎麼可以聽音樂或思索抽象的哲學和科學問題呢？然而，政治行動雖然急迫，卻不是唯一重要的事。

事實上，那不可能是唯一重要的事。假如將不公和人類苦難最小化、讓人生不完全糟糕，是我們所能做到最好的事，那麼生活就一點意義也沒有了。人生若不是一場錯誤，那一定有些事物不是因為可以解決某個問題或滿足某個我們寧願不要有的需求才重要；它們之所以重要，是因為它們讓人生變得美好。這些事物擁有我所說的「生存價值」。藝術、純科學和理論哲學都有這類價值。然而，說好笑的故事、畫畫、游泳、駕駛帆船、做木工、烹飪、跟親朋好友玩遊戲等平凡的活動（哲學家澤娜・希茨〔Zena Hitz〕口中的「人類的小事」）也是。我們需要這些東西不只是為了在充電後重新回到工作崗位，也是因為它們是活著的意義。一個沒有藝術、科學、哲學或人類那些小事的未來，是完全黑暗無望的，而既然這些事物需要我們培養才能繼續存在，它們也是我們的責任。

西蒙・韋伊和西蒙・波娃終於在巴黎大學碰到面時，韋伊告訴對方除了能夠餵飽窮人的革命之外，沒有任何事是重要的。波娃回答，我們也應該在乎人生的意義。韋伊直言駁斥：「你顯然從未餓過肚子。」波娃雖然沒有再說什麼，但她是對的。當我想到氣候變遷的可怕後果時，一部分使我不安的原因是數百萬人將面臨暴雨和水災、旱災與饑荒，但也有一部分的原因是文化將遭受摧殘。我想到的是，歷史將會遭到淹沒、傳統將會挨餓、藝術、科學與哲學將會貧瘠。我們在那個世界不會感到自在。假如我們看不見通往更好的未來的道路，我們能在今天的生活中找到什麼意義？

CHAPTER 6
（荒謬）

大約七、八歲時，在那個空無一人的校園寫下那幾句孤單的詩詞不久之後，我就成了一位哲學家。但，我不是因為寂寞才開始喜歡思考哲學。讓我愛上哲學的是一種好奇心，是一份在內心暗湧的擔憂。我還記得在下課時間，我盯著遊戲場的大樹那皺皺的樹幹，震驚地發現那裡竟然存在任何東西。我的腦中浮現「那裡有可能什麼都不存在」的想法，而這讓我猛然焦慮起來。我現在知道那就是尚－保羅・沙特（Jean-PaulSartre）所說的「極度厭惡感」：對事物蠻橫的事實性、絕對的偶然性和對理性的純粹抗拒感到驚駭。要是這一切不再存在了呢？為什麼不可能發生這種事？

不知算是巧合或命運，沙特的存在主義小說《嘔吐》（*La Nausée*）的主角也被樹幹弄得很焦慮。他說：「直到過去這幾天，我才明白『存在』的意義。」

存在處處皆是、毫無止盡、多得不得了、永遠都有，存在只會受到存在的限制。我預期在任何一刻看見這些樹幹像無力的枝條那樣皺掉乾枯，掉在地上變成柔軟交疊黑色的一團。它們不想存在，可是它們無法不存在。於是，它們靜靜地管好自己的事，樹汁不太情願地慢慢升上樹幹，樹根慢慢陷進土裡。

現實沒來由得令人震驚、令人不安。好奇與擔憂、焦慮與驚奇，是這些感受讓我接觸哲學。我的目標不是樹幹，而是存在的總體。通才哥特佛萊德．威廉．萊布尼茲（GottfriedWilhelm Leibniz）在十八世紀初問道：「為什麼會存在這一切，而不是什麼都不存在？」美國哲學家西德尼．

摩根貝塞（Sidney Morgenbesser）的回答可能是最好的：「如果什麼都不存在，你也還是會抱怨！」這是個不可能的問題，但是那無法阻止我們提問。

荒謬的問題跟解釋無關，而是跟意義有關，但兩者立場是相同的。無論是尋求解釋或意義，我們都在思索宇宙以及人類在宇宙間的位置，人類歷史的進程不只是宇宙眨一下眼這麼簡單。人生很荒謬，這聽起來十分耳熟能詳。想像地球從外太空拍攝起來的樣子，就像一顆藍色彈珠在黑暗中旋轉。想像鏡頭愈拉愈遠，照出太陽系，地球在遠方愈縮愈小。接著，我們看到包含千億顆星星的銀河系，那裡大部分都空蕩蕩的，是宇宙間數十億個銀河系當中的一個，跨越數十億年。在這廣大無邊的的時空裡，我們看起來是多麼渺小又不重要。我們如此認真看待自己真是可笑啊。有誰不曾感受到一切事物純粹的荒謬？

我們應該好好處理這些情緒。荒謬的感受本身就令人不安，但它同時帶到了人生的其他難關。探討荒謬會讓我們回到愛與失去、敘事與非理想、承認與留心的主題。我們會窺視虛無——思考人類滅絕的可能，進而找到通過荒謬這一關的道路。我們會聊到世界的不公。在荒謬之中，我們會揭示生命的意義。生命有意義，就表示人生不荒謬，我們必須問問那是什麼意思。

哲學家會思索生命的意義，就像人生很荒謬這件事一樣，聽到叫人滾瓜爛熟。當我向陌生人坦承我的工作是教哲學，對方有時會問我一個終極問題：「告訴我，這一切有什麼意義？」我有一個制式的回答：「其實我們在一九五〇年代就找到答案了，但是我們必須把它保密，否則我們就沒工作了。」事實上，真正的哲學家很少思考這個問題，而當他們思考這個問題時，往往會把它斥為胡扯。

這個問題毫無疑問地相當模糊。我們常會問：「生命的意義是什麼？」然後也不曉得自己在問什麼。這個問題被忽視的程度，通常會被立意良好的替代問題給隱藏。例如：哲學家會問一個人要怎麼過著「有意義的人生」。哲學家蘇珊・沃爾夫（Susan Wolf）在《生命的意義和這件是為何重要》（*Meaning in Life and Why It Matters*）這本好懂又充滿啟發的書中便是以此為主題。沃爾夫在轉移這個問題（從生命本身的意義轉移到個別人生的意義）以及她所提出的答案背後的觀點這兩個方面，都十分具有代表性。沃爾夫認為，要過一個有意義的人生，就要從事有意義的活動，並從中多少獲得快樂與成就。這些活動有可能牽涉到你和他人的關係。例如：照顧你愛的人；可能是追求正義；或者，這可能是藝術或科學或哲學；抑或是有生產力的工作或令人喜悅的休閒娛樂。

在這裡，哲學可能帶來的威脅是虛無主義——這個概念認為沒有任何東西是重要的。小說家托爾斯泰在《懺悔錄》（*Confession*）中優雅地表達出這個威脅，描述了生存危機。他寫道：「我的人生停滯了。我可以呼吸、飲食和睡覺，也無法克制自己呼吸、飲食和睡覺，但是我的內在沒有生氣，因為我沒有任何我認為有理由實現的渴望。」虛無主義是懷疑論哲學的一種形式，所以虛無主義者跟我們在前一章遇到的否認他人很重要的懷疑論者一樣，是沒辦法反駁的。如果你預設沒有任何東西是重要的，就不可能證實有任何東西是重要的。如果你嘗試跟虛無主義者爭辯，你會陷入泥沼。跟先前一樣，這不表示虛無主義者或懷疑論者是對的，也不表示我們不知道他們是錯的。這只是意味著，讓我們的世界充滿價值的不是某個論點，而是留心。

無論如何，我們要留意的是，生命的意義是什麼和如何過著有意義的人生，是不一樣的兩個問題。對沃爾夫和她的同伴來說，有些人的生命很有意義，有些人的生命沒有意義。使她產生興趣的那種意義是一種私人財產。傑拉德．溫斯坦利過了很有意義的人生，艾瑞斯．梅鐸和比爾．威克也是。但，錄事巴托比就沒有了。然而，當我們問生命本身有沒有意義時，我們其實不是在問因不同的人生而有所差異的某個東西。關於荒謬的問題只會有一個適用於所有人的答案，要不就是完全沒有答案。人類的生命有什麼意義？

這就是哲學家常常斥為胡扯的問題。癥結點在「意義」這兩個字。在「生命的意義」這句話裡，那兩個字究竟是什麼意思？我們會說到某些字的意義（語言意涵）、某句話的意義或是一本書的書寫內容的意義。所以，當我們詢問生命的意義時，我們是在問生命有沒有這種意義嗎？人類的生命有沒有可能是某種宇宙語言的一句話？我想應該有可能。說不定有外星生物是透過物種幾百年來的活動進行溝通：革命就像逗號，每次的前進或後退則會組成不同的字。他們可能碰巧找到一個在人類史上意外拼寫出來的文本，例如：猴子使用打字機敲出來的《哈姆雷特》。如果真是那樣，那會非常驚人。我會很好奇我們說了什麼。可是，那部是我們所要尋找的意義。在毫不知情的狀況下變成某個外星腳本的墨水，只會更加證實我們的荒謬。那或許會告訴我們人類的生命對外星人有何意義，卻不是人類的生命對我們有何意義。

或許，我們不該執著在「意義」這兩個字。改成生命的重點或目的如何？人類有可能在更大的系統中扮演某種角色或發揮某種功用。在道格拉斯・亞當斯（Douglas Adams）的《便車》系列小說中，地球屬於一臺被設計來找出「生命、宇宙及萬事萬物的終極答案」的銀河電腦的一部分（答案是「四十二」）。可是，假如我們真的是某個宇宙機器的零件，找到我們的功用並不會告訴我們生命的意義，我們的生存疾病仍不會被觸及。哲學家湯瑪斯・內格爾（Thomas Nagel）用一段可怕的譬喻闡述了這一點：

假如我們得知，我們是被養來爲其他愛吃人肉的生物提供食物，牠們打算在我們變得太多筋之前將我們大卸八塊——就算我們得知人類是動物繁殖業者爲了這個目的培育出來的物種，那仍然無法賦予我們的生命意義。

你或許會認為問題出在這個功用。內格爾承認：「坦白說，我們為比我們高等的存在提供的服務通常不是這樣。比方說，我們應該是要見證和參與神的榮耀，跟雞分享紅酒燉雞的榮耀的方式不一樣。」這樣說也對，但是這沒有幫助我們了解我們的疑問。重點依然是，光是功用並不足以賦予生命意義（至少不是我們想知道的那種意義），而這表示「生命的意義」所說的「意義」指的不是功用。

哲學家到這裡通常就會認輸了。請回想維根斯坦所說的「使用語言混淆我們智力的魔法」。或許，我們一直被文字混淆了，如果我們能明白關於生命意義的問題其實並沒有意義，荒謬感說不定就會消失了（還是說，情況可能變得更糟？畢竟，有什麼比發現自己最深沉的問題沒有任何意義還要荒謬的？）。然而，這次我沒有被維根斯坦說服。不管這個問題多麼難以捉摸，它都不會消失，而是會一直在我們心中低聲耳語。生命的意義是什麼？我們只要回到一開始，就能在這個問題上有所進展。

這位一知半解的散文家說：「打從時間之始，人類就一直在思索生命的意義。」但，其實並沒有。柏拉圖或亞里斯多德、塞內卡或愛比克泰德、奧古斯丁或阿奎那、笛卡兒、休謨或康德都不曾提出這個問題。他們只有問過著美好人生的意思是什麼，並沒有問生命有什麼意義。

「生命的意義」這樣的文字組合源自一八三四年，出自英國作家湯瑪斯・卡萊爾（Thomas Carlyle）的諷刺小說《衣裳哲學》（*Sartor Resartus*）裡，一個名叫第歐根尼・杜費爾斯德洛赫（Diogenes Teufelsdröckh，「神背負的魔鬼糞便」）的虛構哲學家之口。杜費爾斯德洛赫認為，我們所感覺到的世界其實是神或靈的外衣：「因此，這個意味深長的衣裳主題如果理解得正確，便包含了人類想過、夢過、做過和當過的一切。整個外在宇宙和其中蘊含的一切都只是衣裳，科學的本質存在於衣裳哲學之中。」該怎麼看待這個笑話實在很難說，因為這其實預示了深沉的絕望。在一個題為〈永遠的不〉的章節中，杜費爾斯德洛赫哀嘆自己跟周遭世界有所隔絕：「對我來說，宇宙不存在任何生命、目的、意念、甚至惡意，就只是一個巨大、無生命、無法估量的蒸汽火車，毫不在意地前進，將我從頭到尾輾壓過去。」他就在這樣的情緒中發明「生命的意義」一詞，質疑起生命的意義。

我們可以從中得到兩條線索。第一，生命的意義這個問題在十九世紀以前多多少少被隱藏了起來；第二，這是在我們空虛或痛苦、人生感覺沒有意義或荒謬的時候會問的問題。在沒有慰藉的情況下感到痛苦或悲傷、在寂寞哀怨的時候、在受到悲慘與不公折磨的時候，我們才會問這個問題。人生是極度不完美的。這一切有什麼意義嗎？當我們害怕這一切沒有任何意義時（就像早期的存在主義者索倫・齊克果〔SørenKierkegaard〕受到人類存在帶來的焦慮所折磨那般），這個問題對我們來說就變得很迫切。

「生命的意義」這句話的「意義」是什麼意思？我們在尋找一件藝術作品、一個敘事、一幅畫作或一首樂曲的意義時，想要知道的不是它的語言意涵（除了文字敘事之外，這些東西可能本來就沒有任何語言意涵）或是它在一個體系中的目的或功用，我們想要知道的是它的重要性。我們想要有人描述這個東西會做什麼？又是如何做到的（這個東西到底是「哪來」的）？我們才知道自己應該對它抱持什麼樣的態度。我們在找的是可以告訴我們該產生什麼感受的一些真理（答案通常很複雜且詮釋方法很多種）。這裡的詮釋結合了留心、解釋和效果。生命的意義也是如此。我們想問的是，我們應該對這一切、萬物的存在以及人類在這之中的位置產生何種感受。生命的意義會是一件關於我們和這個世界的真理，這個真理可以回答那個問題，告訴我們該產生什麼感受、為什麼要產生那些感受。那便是為何，我們只有在覺得人生很難的時候才問這個問題，因為我們想要接受失去與失敗、不公與苦難。我們希望有那麼一個真理能削弱絕望的鋒芒。

這樣的詮釋解釋了這個問題被提出來的時機，也就是為什麼它會在歷史上的那個時間點出現。十九世紀以前，絕大多數人都把宗教的世界觀視為理所當然，而那個世界觀本來就有為這個問題指定了答案。心理學家威廉・詹姆斯（William James）在一九〇二年出版的《宗教經驗之種種》（*The Varieties of Religious Experience*）中寫道：「不論宗教究竟是什麼，它都是人對生命的整體反應。要得到『這個反應』，你得繞到存在的表象後面，觸及整個殘餘宇宙帶來的奇妙感受。殘餘宇宙是永恆的存在，可能熟悉或陌生、可怕或有趣、討喜或可憎，某種程度上人人都有。」當一個人活在某個宗教的世界觀裡，他的整體反應會是正向的，就算不是正向，也是調解或彌補過的。宗教所建構的整個殘餘宇宙樣貌可以救人。這些樣貌就算沒有宣示生命的意義，也會讓人確信生命確實存在著意義，儘管生命的意義極為神祕莫測。宗教提供了一個真理，告訴我們應該如何感受。

愛因斯坦更進一步地說，只要能夠回答「人類生命或所有的有機生命有什麼意義……都暗示那是一個宗教」。對我和存在主義者來說，問題在於，假如我們沒有宗教世界觀，該如何繼續相信生命有意義。假如神消逝了，人類的生命就是荒謬的嗎？

首先要說清楚的是，不是所有的宗教都有單一的神。除了猶太教、基督教和伊斯蘭教等一神教，世界上還有印度教這種多神教或佛教這種非有神論的宗教。要說這些宗教有什麼共通之處，是什麼使它們變成一種宗教，透過教義和信條、儀式和實踐結合出「對生命的整體反應」，並不好回答。然而，每個宗教都具有一個元素，那就是相信某個超越平凡世界的東西確實存在著，這個東西倘若不是神，至少是某種形上學理論，像是佛教的「空」以及自我並不存在的這個令人困惑的主張。

我認為，宗教的本質是一種形上學理論。宗教描繪了整個世界的樣貌，引導我們做出整體反應，讓我們知道該怎麼感受生命、宇宙和萬物。這可能會牽涉到我們跟神的關係，也可能不會，但一定會牽涉到某種超驗形上學。以佛教為例，佛教的冥想跟內觀這種壓力調節方式不一樣的地方是，它的目標是藉由發現真理來終結痛苦。佛教的真理就是，我們並不存在。如果你和你所愛的人不像你曾經以為的那樣是真實的，死亡和失去就不會帶來那麼大的傷害（至少那是佛教提倡的理念；我倒是從來不明白，發現這個「真理」為什麼不會帶來傷害，因為那就好比有人告訴你，你認識的所有人本來就死掉了，包括你自己在內）。為了獲得心靈平靜而冥想或使用談話治療接受人生，這樣不是要信仰一個宗教，也不是要知道生命的意義，因為你並沒有發現任何真理。

對許多宗教而言，生命的意義透過維護神對待人的方式顯現在神義論之中。人生很難，但是宗教告訴我們一個故事，讓我們相信一切都會出現最好的結局，或許是發生在某個永生不死的來世。如果沒有人提供這個故事給我們，我們還是相信它存在於我們的理解範圍之外。故，詩人亞歷山大・波普（Alexander Pope）在一七三四年的《論人》（*Essay on Man*）的第一首詩結尾這樣寫：

一切萬物全是藝術，人無法得知；
一切機運全有方向，人無法窺知；
一切不和全是和諧，人無法理解；
一切自以爲的邪惡，普世之善也：
人引以爲傲的理智，實充滿錯誤，

真理很明白：存在的皆正確無誤。

波普透過對句教導我們，每個傷害其實都隱含益處，每句怨言其實都帶有異議，神義論就好比鐘錶，是神的設計，我們看不見，最後只能強調「存在的皆正確無誤」。

現代哲學家將神義論的目標（證明存在的皆正確無誤）從傳統宗教的教條中抽離出來。因此，萊布尼茲是以邏輯的角度主張，這是所有可能存在的世界當中最好的一個；盧梭將人生的苦難追溯到社會的蹂躪，認為我們有能力修復一切；黑格爾則在一八三七年寫道：「哲學應該帶來的啟發，是真實世界已經是它該呈現的樣子。」

如果生命的意義不需要靠神或傳統宗教也能存在，那麼像我這樣的無神論者或許還有希望。我們需要關於這個世界和人類在這世上的位置的真理，好讓我們知道應該要對整個殘餘宇宙產生什麼感受——最理想的情況是，這些真理能幫助我們接受苦難與不公。聽起來蠻不錯的，可是我們完全不知道這些真理是什麼。威廉・詹姆斯曾說，新英格蘭超驗主義者瑪格麗特・富勒（Margaret Fuller）曾經告訴發明「生命的意義」

這個詞組的湯瑪斯・卡萊爾：「我接受宇宙。」卡萊爾十分不以為然。畢竟，不然我們應該怎麼做？比較常見的反應是抱持懷疑態度。我們一旦像我在本書一開始那樣拋開神義論，有什麼樣的真理可以彌補我們不該承受的苦難或修復充斥這個世界的不公？我們要怎麼接受這個宇宙？

更糟的是，我們為什麼應該相信自己應該要產生任何感受，相信現實主導了我們對生命的整體反應？詹姆斯再次提供一個看似合理的答案：

> 有一件事眾所皆知：事實可能引起互相對立的感性評論，因爲同一個事實會在不同人身上或是不同的時候，在同一人身上激起完全不同的感受；任何外在事實和它可能剛好觸發的情緒之間，並沒有任何可理性推論的關聯。

不同性情的人對苦和惡會做出不同的反應，這早已為人所知。前蘇格拉底哲學家德謨克利特（Democritus）認為現實太過荒謬，使他忍俊不禁；他的前輩赫拉克利特（Heraclitus）則是不禁哭了出來。這些都是西元前五世紀的事。

或許，富蘭克・拉姆齊（Frank Ramsey）對這種不確定性的威脅所做出的反應是最讓人喜愛的。拉姆齊是位神童，一九三〇年，他在二十六歲死於肝臟感染之前，已經在數學、經濟學和哲學領域做出相當了不起的成績。剛過二十二歲生日後不久，拉姆齊便受邀發表演講，談論這一切的意義。他說：「我跟我一些朋友不一樣的地方是，我不認為實體大小很重要。」

我面對廣大的蒼穹時，完全不會感到謙卑。星體雖然很大，但它們無法思考或愛，而這些特質比事物的大小更讓我欽佩。我對於自己重達近一百一十公斤，一點也不覺得光榮。我認爲『人類』很有意思，整體而言値得敬佩。我認爲（至少現在這一刻這麼認爲）這個世界是個令人愉悅與興奮的地方。你可能覺得這個世界令人沮喪，我替你感到抱歉，你則相當鄙視我。然而，我有理由，你卻沒有；你有理由鄙視我，只是因爲你的感受現實的方式跟我的感受不一樣。可是，我們兩個都不可能呼應現實。現實本身並無好壞，純粹就是它令我興奮、卻令你沮喪，如此而已。另一方面，我可憐你是有理由的，因爲感到興奮比感到沮喪還快活；不只快活，也對一個人所有的活動都還要好。

拉姆齊認為，我們可以做的就是以現實為依據採取正向的態度，永遠觀看人生好的那一面。沮喪地看世界比較不快樂，但是卻沒有比較不準確。這就是生命的荒謬。

法國哲學家阿爾貝・卡繆（Albert Camus）在《薛西弗斯的神話》使用的語調雖然不一樣，但也談到了同樣的荒謬。他寫道：「人類總是跟不理性面對面，但他的內心很渴望快樂和理性。人類的需求與這個世界不合理的沉默發生衝突，因此荒謬便誕生了。」荒謬的原因不是這個世界主導了負面的反應，或是真理很糟糕，而是我們最深沉的問題「生命的意義是什麼？」得不到答案。我們不需要對這個世界產生特定的感受；我們的整體反應是隨機的。我們問了問題，但宇宙只是不以為然地聳聳肩。沒有什麼可以說的了嗎？

秉持著荒謬的精神，我會說若把黑暗的答案納入考量的話，生命的意義這個問題是有可能得到答案的。

在P·D·詹姆斯（P. D. James）所寫的《人類之子》（*Children of Men*）這本曾被艾方索·柯朗（AlfonsoCuarón）改編成電影的小說中，全體人類都變得不能生育。已經有十八年沒有任何一個小孩出生。在沒有未來的情況之下，社會邁向瓦解。但是，詹姆斯在意的不是最後一個世代所面臨的現實挑戰（老年人該由誰照顧？當我們無法投資未來，全球經濟會發生什麼事？），而是他們的性靈生活。假如你知道人類不會再繼續生存下去，你會有什麼感受？在這本小說的世界裡，主角帝歐·法隆（Theo Faron）寫道：「先前活著的人向一種幾乎普世存在的負面主義屈服，也就是法國人所說的『ennui universel』（普遍地厭煩）。」

它像一種潛伏的疾病襲擊我們。沒錯，這的確是一種病，它的症狀很快就變得熟悉，包括疲乏、憂鬱、定義不明的心神不寧、隨時可能出現輕微感染、持久不散且極爲嚴重的頭痛。我努力與之對抗，很多人也是。我用來對抗它的武器是帶給我慰藉的東西：書本、音樂、食物、美酒、大自然……但，就算不是爲了我們自己，而是爲了我們的物種，在沒有希望產生後代的情況之下，在沒有辦法得到我們死了卻仍活著的保證之下，心靈和感官的所有愉悅有時在我看來，就像一道守著廢墟的破爛城牆一樣可悲。

身為反戰社運人士兼作家的喬納森．謝爾（Jonathan Schell）比詹姆斯更早，在一九八二年便出版了一本極具影響力的推想非小說《地球的命運》（*The Fate of the Earth*）。這本書最核心的主題雖然是核戰後的世界，但是謝爾將數十億人提早在痛苦之中死亡以及「人類所有未來世代的終止」這兩件事分開來看。他跟詹姆斯一樣探討的是後者，而非前者。他跟詹姆斯一樣，認為人類會出現疲乏的反應。他說，對那些面臨絕種命運的人而言，「一般世界所有的活動都將顯得徒然，如婚姻、政治、藝術和學習，就連戰爭也是。」

比謝爾晚三十年、比詹姆斯晚二十年的美國哲學家塞繆爾．舍夫勒（Samuel Scheffler）把這個無後代的情境搬到哲學領域。跟詹姆斯和謝爾一樣，他寫道：「我認為，我們可以合理地假設這樣的世界將充滿冷漠、疏離和絕望；社會制度和團結心將瓦解；外在環境將惡化；許多活動將失去價值和意義。」這件事我們幾乎沒有察覺到，也鮮少去探索：我們每天所做的一切要有意義，原來必須建立在人類在我們之後會繼續生存至少數個世代的這個信念之上。用舍夫勒的話來說，意義必須建立在「集體來世」的信念之上。

當你想像自己處在無後代的情境中，你會怎麼反應？恐懼、悲痛，還是惶恐不安？日常生活的庸碌是不是失去了意義？某些活動要許久之後才會出現結果，像是我們可能要花好幾十年慢慢累積進展，才能找到治好癌症的方法。這時候，人類活動很明顯是為了未來而做。但，這個現象其實應該比我們以為的還常見。假如五十年後世界上不再有人欣賞藝術和科學，這兩種活動至少會失去一部分的意義。畢竟，為什麼要為注定會走上絕路的傳統做出貢獻？如果人類沒有後代，就不會有人將我們的集體遺產繼續傳承下去。就連閱讀、聽音樂和吃喝等短暫的愉悅也可能消失，因為就像帝歐．法隆所說的：「現在，愉悅感很少出現，出現時也跟痛苦難以區別。」

面對人類的滅絕，我們應該像法隆那樣絕望嗎？或者，我們應該平靜以對？還是說，這跟一個人的性情有關，有的人會因此抑鬱，有的人卻不會痛苦？對於《人類之子》的殘餘宇宙，我們應該出現什麼樣的感受嗎？

我認為應該是。在這種情況下，我們的情感跟失去或愛人的時候一樣，不是全然主觀的。因此，我們有理由抗拒法隆的虛無主義反應。首先，他沒有說清楚閱讀或聽音樂、甚至飲食這種價值似乎就包含在進行當下這一刻的活動，為什麼必須仰賴未來。這又不像治癒癌症那樣需要一百年的時間。即使世界就要毀滅，我們還是可以緊抓著藝術和生理滿足所帶來的慰藉。

此外，還有時間的問題。我們一直都知道人類有滅亡的一天，所以為何我們從事的活動在滅絕即將來臨時才失去價值？舍夫勒把這稱作「艾維・辛格問題」；艾維・辛格是伍迪・艾倫（Woody Allen）的電影《安妮霍爾》（*Annie Hall*）裡的九歲孩童，他認為宇宙如果有一天會滅亡，那麼寫作業根本沒意義。艾維的說法聽起來很荒唐，但卻有點道理。假如我們做的任何事都必須依靠未來世代的興盛才會有價值，那麼最後一個世代無論何時來臨，他們做的任何事都不會有價值，因為最後一個世代興盛不起來。但是，基於同樣的原則，倒數第二個世代也會是如此，再前一個世代也是。人類的興盛像骨牌一樣，從人類滅絕那一代一直往前倒向今天，只留下毫無價值的殘骸。

除非你相信我們做的任何事都不重要，否則你不會相信最後一代做的任何事都不重要。雖然我們無法證明這個世界上存在任何價值（至少我們再怎麼證明，虛無主義者也不會滿意），但那不代表那是錯的。法隆或許憂鬱到不想聽歌劇、讀 **P·G·** 伍德豪斯（**P. G. Wodehouse**）的小說或跟好友玩桌遊，但是那些活動仍充滿價值。它們的價值不完全仰賴有無後代這件事（為什麼要呢？）。按照這個邏輯，第一塊骨牌其實根本不需要倒下，因為就連最後一代也能在自己的人生中找到價值。

所以，我們不該過分放大滅絕帶來的影響。但是，我也不認為我們應該慶祝人類的滅絕。自一九九〇年代以來，有些極端的環保人士便一直提倡人類應該自願滅亡，覺得為了這顆星球，我們應該停止繁衍。可是，連這些人也把我們的滅絕看成一種失去，看成高尚的犧牲。他們更希望我們能夠設法與大自然和諧共存，只是他們不認為這種事會發生。

這些全都可以幫助我們擊退「荒謬」這個老掉牙的想法。我們可以宣布一個意外的好消息：既然我們有理由用某種方式、而非另一種方式回應人類歷史的終結，我們便不需要隨機做出整體反應，因為有些態度比其他態度更理性。我們不應該歡迎滅亡的到來，但我們也不應該讓這件事帶領我們走向虛無主義。現實的確可主導我們對存在本身抱持的感受。換句話說，生命可能是有意義的。就可能的意義來說，滅絕這件事引起的意義令人氣餒，負面到幾乎稱不上意義。然而，如果我們在無後代的情境之中斟酌自己的反應，我們可以改變假說，測試自己的整體反應、探究事實要我們產生什麼樣的感受。你可以提出論點，就像我提出論點反駁帝歐．法隆一樣。不過，大部分還是以描述為主，像是指導我們道德生活的他人的描述。

為什麼會因為人類即將滅絕而感到難過？有一部分原因是，我們很重視人類的歷史和人類歷史的題材，也就是人類本身。因為重視，我們希望這些東西可以延續下去。有些科學家會說到所謂的「生態悲痛」，指的是在氣候危機前線親眼看見生態系瓦解、瀕危物種死亡的科學家所經歷的感受。那些東西永遠不會回來了。就像對生命的失去會感到悲痛那般，生態悲痛跟失去的東西具有無可取代性有關，是愛的基本表現。人類雖然充滿缺陷，卻也令人喜愛。因人類可能滅絕而感到悲痛，是生態悲痛的反射動作。如果我們愛人類，就會希望這個物種繼續存活。

但，純粹活著是不夠的。我們的情感應該少專注在存續、多專注在改變上，因為我們還有任務要完成。想想我們在第五章對抗的不公，然後想想我們的無知——我們對整個宇宙、對尚未有答案的純科學和哲學問題，還有好多不知道的地方。接著，再想想我們尚未開發的創造力和仍有局限的愛的能力，包括對自然世界的愛。在還有這麼多任務未完成的情況下，人類就這樣滅絕實在太早了（不單只是從形上學的層面來看）。

假如在未來的世代中，人類成功消弭不公、保護弱小、滿足人類需求，情況就不一樣了。想像一下，我們實現了現在難以想像的社會，在人類缺陷可允許的範圍之內來到最接近正義的地步，雖然不是烏托邦，但卻是我們所能做到最好的版本。在這樣的狀況下，不孕或許還是會使我們痛苦，就像《人類之子》描述的那樣，但我們會以發明、團結和同情做出回應。我們會找到辦法彼此照顧、分享藝術和友情，讓我們在苦中作樂時仍然有慰藉與陪伴。我們會優雅地走向終點。

我不是說這樣的敘事我很滿意，但是我覺得我們可以接受這樣的敘事。要是人類這樣滅絕，我能接受。畢竟，就像艾維．辛格所說的，「我們總有一天注定會滅亡。」改變不會發生在外在世界，而是發生在我們身上，就看我們如何集體回應我們面臨的困境。真正可怕的是，人類的潛能還有那麼多尚未實現，充滿歧見、奴役、仇女心態、殖民暴力、戰爭、迫害、不平等以及一陣陣進展的歷史就這樣結束了。我並不是說未來可以彌補過去，也不是說把社會變得更公正就能彌補已經犯下的不公。那些過去無法抹滅，但正是基於這個理由，我們更要盡力把未來變得更好。

所以，正義很重要，不只是因為正義本身很重要，也是因為它能做為荒謬的解藥。其他重要的東西還有人際關係、工作與休閒娛樂等讓人生有意義的事物。可是，如果這些美好事物永遠以不公的方式進行分配，人類的存在不會有意義。要克服不公，就要打造一個可以告訴我們應該要有什麼感受、進而賦予生命意義的真理。

所以，存在主義者是錯的。理性可能可以主導我們對這個世界的整體反應，而那個反應可能是接受（如果不是「肯定」）這個宇宙和人類在宇宙中的位置。這不需要仰賴任何超驗或神聖的事物，也不必讓自我不存在或使靈魂永生不滅。這個反應需要的是集體的來世。生命的意義（也就是告訴我們應該對整個殘餘宇宙產生什麼感受的真理）就存在於我們往世界正義這個目標斷斷續續前進（或許必須永遠前進）的進程。

這個觀點跟宗教其實沒有很大的差異。我們常常聽到，宗教信仰源自對死亡的恐懼，宗教的目的是要給害怕死亡的我們帶來慰藉。但是，那樣的看法太簡單了。神學先驅約翰・博克爾（John Bowker）主張，這個世界無所不在的不公（無辜的人在受苦，有罪的人卻逍遙法外）需要形上學的解答，所以宗教才會往更高一層的世界尋找正義或把我們所知的世界斥為幻覺。否則，真相太令人難以承受了。我們希望長生不死，不只是為了逃過死神，也是為了讓有限的壽命妨礙實現的正義挪出空間。好人有好報，壞人有壞報，這件事如果沒有發生在這一個世界，那肯定是發生在另一個世界。正義是第一要務，在生命的意義這個議題上也是如此。

我不相信有另一個世界存在，可以彌補這個世界。假如生命真有意義，我們就必須在歷史的輪廓、那條彎向（或沒有彎向）正義的道德宇宙弧線中找到它。以這種方式理解人類歷史以及它跟未來的關係，是在啟蒙時代後不久出現的，跟「生命的意義」一詞出現的時間差不多。黑格爾認為，歷史是「精神」努力邁向自我意識和人類自由的可懂過程。馬克思認為，歷史是不同經濟模式必然發生的進程，先從原始共產主義過渡到農業，再轉變為封建制度、資本主義，最後演變成高階的共產主義，舉著「各盡所能、各取所需！」的旗幟。這其中的問題是，黑格爾和馬克思跟宗教來世論者一樣，認為人類歷史的方向早已經事先決定好，認為我們一定會抵達某個最終的狀態。但，我不這麼認為。道德宇宙的弧線怎麼走，要看我們做了什麼，而我們會做什麼則要看我們自己。

我不是一個本性樂觀的人。當我看到我們朝什麼方向前進時，我非常害怕，尤其是氣候變遷這方面。這不只造成了（且會不斷加速導致）全面的不公。我們如果要在不公的每個層面（社經不平等、暴力、排擠、搖搖欲墜的民主等）取得進展，就必須要能度過難關。假如氣候變遷帶來普遍的糧食和水源短缺、大規模遷移、衝突和戰爭，那我們根本不用想平等和人權了。

氣候變遷會威脅生命的意義，這不是誇飾，而是明明白白的事實。人類的生命可以是有意義的，那個意義指的可以是緩慢、痛苦、偶然地邁向盡量修復過去惡行的正義世界。假如人類歷史擁有這樣的輪廓，我們應該接受它並扮演好我們的角色。在這個無關緊要的廣大宇宙的小小一角，我們可以創造一個家園。假如氣候變遷造成社會瓦解，那個意義將會喪失，帶來的不是荒謬，而是羞恥。

法蘭克福學派的哲學家華特・班雅明（Walter Benjamin，阿多諾的朋友和同事）在〈論歷史的概念〉（*On the Concept of History*）這篇文章中，拒絕把過去描寫成有所進步。他寫到，這在「歷史的天使」眼裡，是「一場災難，不斷堆疊殘骸，落到他的腳前。天使想停留、喚醒死者，將毀壞的一切重新變得完整。」但是，班雅明描繪了一幅先知般的畫面，說：「有一陣暴風將他吹向未來」，使他無法停下來修復損失。「這陣暴風就是我們所謂的進步。」我們可以阻止暴風，抓住現在，以賦予過去意義。在這篇論歷史的文章，班雅明在註腳運用了另一個貼切的譬喻，那就是蒸汽火車。他寫道：「馬克思說革命是世界歷史的火車頭，但事實說不定恰恰相反。說不定，革命是火車上的乘客（也就是全體人類）試圖啟動緊急煞車的做法。」

我們現在的任務就是給氣候變遷以及跟氣候變遷密切相關的各種不公（無論是國內和全球、性別和種族的不公）拉手煞車。我們付出的努力會形塑出告訴我們應該產生何種感受的事實。我們不是挺身接受挑戰，就是不接受挑戰。事情可能很糟，但是別忘了之前在面臨荒謬的虛空時，原本的情況是什麼樣子。生命的意義這個問題是可以理解的，答案握在我們手中。

今天，未來充滿不確定性。我們無法肯定、也難以猜測歷史的弧線會怎麼彎曲。所以，我們不能說人類的生命有什麼意義或是否真有意義。唯一的問題是，面對這麼多未知的事物，我們該出現什麼樣的感受。生命的意義懸而未決、出現危機時，做出什麼整體反應才是合理的？我們應該讓希望鼓舞我們，還是讓絕望打倒我們？

CHAPTER

7

（希望）

在古希臘時期，柏拉圖有一位對手「犬儒第歐根尼」（Diogenes the Cynic），他是我的哲學英雄之一。第歐根尼是很有趣的人，當他聽說柏拉圖把人形容成沒羽毛的雙足動物時，便把一隻拔了毛的雞拿到學院門口，宣稱：「這就是柏拉圖所說的人！」對第歐根尼而言，哲學是一種表演藝術，要用活的，不是用談的。第歐根尼很有原則，他把柏拉圖的對話斥為「浪費時間」，為了證明自己重視實踐勝過理論、重視美德勝過財富，便住在雅典街頭上的一個貯藏甕裡。他隨身攜帶一盞燈，說是要尋找真正的人類，但沒有成功。第歐根尼給人很多啟發，他是一個政治改革家、世界公民，幻想社會出現他那個時代想像不到的平等。「有人問第歐根尼，人生中最珍貴的事物是什麼？他回答：『希望。』」

傳統的智慧告訴我們，「希望」很高貴，能賦予力量抑或是勇氣。然而，這並非一直都是如此。為了說明這本書為什麼要為希望撰寫一個章節，為什麼把它列入人類苦難的名錄，我們必須把時間拉得更遠，聊聊年代比柏拉圖早四百年的希臘詩人海希奧德（Hesiod）及他筆下的潘朵拉之盒（也是個貯藏東西的容器）。

海希奧德跟荷馬同時代，都在西元前八世紀寫作。他寫到，有一個名叫普羅米修斯的凡人偷了眾神的火，導致宙斯對人類展開報復。宙斯下令赫菲斯托斯製造一個美麗的女子，由雅典娜賦予其生命之後，再由赫密斯送到地球上。這名女子被取名為潘朵拉，身上帶著一個裝滿「禮物」的盒子，裡面有疾病、悲痛等人生的各種苦難。潘朵拉打開盒子，讓這些禍害逃逸到人間，最後在希望逃跑前關上盒子。有些人認為這是神留下來的慰藉，但那只是他們一廂情願的想法。潘朵拉的盒子裝的是各種詛咒，既然希望在裡面，就表示希望也是一種詛咒。海希奧德解釋：「希望是種毒藥；把無所事事等待空虛希望的笨蛋的靈魂緊抓著，使其缺乏活力；希望其實無法提供任何東西。」我們祈求一切都會發展順利，卻不勇敢地跨出不確定的那一步，讓事情成真。難怪，海希奧德認為「希望是一種毒品」。

海希奧德的神話似乎是將希望描寫成一種禍害，但最後卻變得模稜兩可。問題在於，希望被留在盒子裡不確定代表什麼意思。其他禍害被釋放出來，降臨在人類身上。如果希望仍被關在裡面，不就表示我們不會受到希望的誘惑嗎？還是說，我們受到的詛咒就是在沒有希望的情況下過活——也就是說，希望是好的，但我們無法擁有？這樣的話，希望為什麼會被放在潘朵拉裝滿苦難的盒子裡？希望似乎無法定義。

以前，我不太會去思索希望這件事，就算會，也是抱持懷疑的態度。我有無法消除的慢性疼痛，若希望疼痛會消失，那就是在自欺欺人。此外，如果有什麼事情要做，實際去做才是重點，無論你是充滿希望或無可奈何地做那件事。對我而言，希望不重要。可是，我的心理治療師並不同意。她認為，我會抗拒希望，就表示希望在我的生命中很重要。我的問題在於我害怕希望，因此我需要勇氣。

不只有我這樣，很多人也把希望當成妄想。我們愈是滿懷希望，帶來絕望的風險就愈高，所以何必讓自己經歷這些？雖然如此，我們還是緊抓著希望不放，因為那似乎能在黑暗時刻帶來光明。

我後來認為，沒有誰是錯的。希望確實是（也應該是）一個模稜兩可的東西。希望被困在潘朵拉的盒子裡，既無用又必要。

不過，希望究竟是什麼呢？哲學家近年來對此發表了一些論點，在不同的意見中達成大致的共識。希望包含「渴望」與「相信」這兩個要素。當你對某樣東西產生希望，你一方面渴望這樣東西，一方面相信這樣東西有可能實現，雖然不是百分之百會實現。你不會對不想要的東西產生希望，也不會對絕不可能發生或你確定會發生的事情產生希望。此外，對某樣東西產生希望就表示你不認為那是你能完全決定的。對你自己就能實現的東西產生希望並不合理；正是因為那是你無法掌控的，你才會退一步選擇希望。

希望的兩個面向（渴望和相信）都非常堅實。希望不只是隨意的渴求，而是帶有情感依附，所以索倫・齊克果把希望定義成「對可能發生的事產生熱切的渴望」，才會用到「熱切」這個形容詞。同樣地，只是「隨意地相信」是不夠的。這個意思是，單純認為一件事有可能發生不足以稱作希望，而是必須把那個可能性當作「活生生」的。你不需要很樂觀，成功的機率也可以很低，但你必須在實踐上認真看待這個可能性。例如：那可能是你會計畫的東西，即使你只把它當成偶然事件。假如你寧可血檢的結果是錯的，你也知道理論上那有可能出錯，但你又不相信它真的出錯，那你對檢查結果沒有問題這件事便已不再抱持希望。當你已經不相信一件事會發生，卻還緊抓著這件事的可能性不放，你對這件事的心態是絕望，不是希望。當你不再緊抓，那你就變成認命。

說明絕望為什麼不好，比說明希望為什麼是件好事還要容易許多。事情沒有一絲希望，我們卻仍緊抓著這件事不放，就會產生絕望的感覺。被拋棄的戀人可能哭著說：「這段關係結束了，她永遠不會回來了。」罹患絕症的病人可能會傷心地說：「沒有藥醫了。」他們感受到的是類似悲痛的情緒；對某個可能性產生的熱切渴望已經不在了，因此令他們痛苦。

但那並不表示希望就是好的。有時候，事實就是某件事不可能發生。我母親的阿茲海默症不會變好，只會變糟，如果希望她能好轉，那就太愚蠢了（雖然我寧可她好起來）。就算是理性地希望一件事發生，擁有希望有什麼好處？我想到我在二〇一六和二〇二〇年的美國大選觀看開票結果時，心裡便懷抱痛苦不已的希望。除了控制自己的焦慮感和強烈祈求能有好的結果，我什麼也不能做。那樣有什麼價值呢？希望跟沉默是並存的。若說希望包含了勇氣，那就是知道希望可能帶來失望，卻仍願意面對這種恐懼的勇氣。當事情的結果很糟，希望比絕望更可怕。

所以，海希奧德很有道理，希望有時很虛偽或令人卻步。為何要頌揚生命中的希望？身為作家兼社運人士的瑞貝卡．索尼特（Rebecca Solnit）在二〇〇三年的入侵伊拉克事件後寫了一本書，在書中替希望說話。她寫道：「希望不像樂透，你不能坐在沙發上緊握彩券，感覺自己會幸運中大獎。」

希望應該把你推出門，因爲要讓未來不再有無止盡的戰爭，地球寶藏不再遭到殲滅，窮人和邊緣族群不再受到壓迫，你必須付出一切。希望只表示另一個世界是可能的，卻不保證那個世界一定存在。希望需要搭配行動，少了希望，行動是不可能的。

問題是，希望的確有可能像你手中緊握的彩券，不一定會把你推出門。我非常了解，一個人有可能一邊強烈地希望著，一邊坐在沙發上看新聞。行動不是來自希望，而是其他地方。

索尼特說少了希望，是不可能行動的，這或許沒有錯。因為當你在乎的事情不保證能成功時，你一定是希望能成功或至少取得進展，才會努力去做這件事。「希望是有價值的」這樣的迷思，就從這裡開始。要追求有意義的改變，希望是先決條件之一，但是那並不會讓希望變得有價值。想想使用火焰鍛造鋼鐵的普羅米修斯。少了高溫，他沒辦法製造犁或劍。但是，金屬的溫度、煙霧和火花頂多只是達到目的的方法。希望就好比鋼鐵的鍛造點，也就是可以打鐵的那個溫度。希望是讓我們起身行動的點，但不是帶我們到達那個點的熱源，也不是迫使我們前進的力量、我們用來打造世界的錘擊。希望跟高溫的鋼鐵一樣很危險，可能使我們受傷。希望本身什麼也做不了。

賦予希望價值的社運人士往往都知道這些事實。索尼特在某一個版本的著作中，便引用了「黑命關天」（Black Lives Matter）運動其中一位發起人派翠西・庫爾洛斯（PatrisseCullors）所寫的一段話。庫爾洛斯說，黑命關天運動的宗旨是要提供「希望和啟發，造就集體行動，建立集體力量，成就集體轉變，源頭是悲痛與憤怒，但是前往的是願景和夢想。」在這個例子中，驅使行動的力量是悲痛與憤怒，不是希望。希望不會激發我們做出行動，這個角色是由悲痛和憤怒所扮演的。害怕也可能成為驅動力，為氣候變遷努力的那些人便是如此。社運人士格蕾塔・童貝里（Greta Thunberg）在達弗斯世界經濟論壇上曾對觀眾說：「我不要你們充滿希望，我要你們心慌。」希望跟無為是一樣的。希望是好事（在不確定的情況下為了重要的事奮鬥）的先決條件，但它本身並不好。

如果你想治好自己的病、適應身體障礙、對付或逃離寂寞、即使機率不高也想要取得成功，或是從失敗中學習，你就是活在希望之中。依據你的性情，希望可能讓你感覺到美好，也可能讓你像我一樣害怕。如果懷抱希望讓你很焦慮，你就需要勇氣。我的心理治療師說得沒錯，我必須對抗對希望的恐懼，不要因此不敢承擔風險。但，希望本身徒勞無益，它是必要條件，但不是目標。

我前面說到，希望確實是（也應該是）一個模稜兩可的東西，但是目前為止我寫的內容大部分都是負面的。希望沒辦法為我們做多少事，它頂多就是跟好事有所關聯，而這層關聯並不完美：當我們放棄希望，我們就會放棄嘗試；但，即使什麼也沒做，我們也能抱持希望。重要的不是希望，而是行動。

我之所以這麼模稜兩可，是因為希望不只有單一面向。除了對自己希望獲得的結果所抱持的態度，我們還會滿懷希望，在應該要出現希望的地方找到希望。在此，我們可以借用湯瑪斯・阿奎那針對希望所進行的描述。十三世紀晚期，這位聖人完成了三千頁的天主教神學權威巨著《神學大全》，在書中比較了兩種希望——一種是「浮躁的熱情」，也就是對沒有把握的事物擁有的熱切渴望；另一種是屬於神學美德的希望，目標是永生。我們前面探討的都是屬於熱情的希望，結合渴望和相信，是有意義行動的必備條件。這種希望可能是消極的（passive），跟「熱情的」（passion）擁有相同的英文字源。屬於神學美德的希望就不一樣了，是一種主動的意志，讓人緊抓著跟神結合的承諾不放，對抗絕望的誘惑。雖然我沒有宗教信仰（我不相信神、超驗或永生不死），但是我覺得我們可以從中看出相似的美德。

阿奎那的靈感來源是亞里斯多德的倫理美德理論，這個理論將美德比作兩種相對之惡的中間值。例如：魯莽和怯懦的中間值是勇氣，而一個大方的人既不浪費也不吝嗇。每一種美德，都為一種行為或情感找到中庸之道。勇敢的人會「在對的時間、針對對的事物、面向對的人、憑藉對的動機、以對的方式」感到害怕。大方則類似施與受的概念。

雖然亞里斯多德沒有將希望視為性格上的美德，但他的理論似乎可以適用。有的人可能過度充滿希望，在可能性小到幾乎看不見的時候還放大可能性，不願放棄。有的人可能太不抱持任何希望，將可能性縮到最小或是低估可能值得一試的風險。這兩個極端之間便存在一種美德。好好地希望，意思是要對可能性抱持實在的態度，不要淪為妄想或受到害怕屈服；好好地希望，意思是應該擁抱可能性時，就要擁抱。緊抓著可能性不放，不是要讓自己好過（希望有可能比絕望更令人痛苦），而是為了不讓那一絲潛在的行動力熄滅。

我不知道這是不是第歐根尼覺得希望很珍貴的原因，但這是閱讀索尼特的書時，會發現的美德。那本書講的不是跟希望有關的理論，而是近年發生的歷史，希望透過實例證明改變是有可能的，諸如南非種族隔離政策的瓦解、柏林圍牆倒塌、墨西哥的薩帕塔起義、同性婚姻合法化，以及後來的占領華爾街、零化石燃料及黑命關天運動等等。索尼特藐視看著一片殘骸卻無法做出行動的「歷史的天使」；她要召喚的是「替代歷史的天使」，告訴我們「我們的行為很有價值，我們一直都在創造歷史，無論發生了什麼或沒發生什麼。歷史的天使說：『真可怕。』但這一個天使卻是說：『幸好沒有更糟。』」抵抗不會徒勞無功。

好好地希望這個美德跟信念有關，跟堅守或尋找真理、專注在可能做到的事有關。這也跟意志有關，我們要有勇氣設想替代選項，即使我們不確定該做些什麼。面對人生的難關，我們應該要找到可能，包括帶著身障蓬勃發展的可能、找到辦法度過寂寞、失敗與悲痛的可能。所以，問題不在我們該不該抱持希望，而是我們應該對什麼抱持希望。根據本書宗旨，答案不是理想的生活。我們需要的是承認並仔細閱讀我們現有的人生。我雖然不對我的疼痛抱持會治好的希望，但我可以希望自己能忽視疼痛，或從中獲得一些什麼；我可以希望再次看見我的母親，牽著她的手沿著河岸漫步，看著河口和潮浪的匯聚點以及橫跨河口、跟著地球弧線彎曲的大橋，但我知道她不會康復。

希望是有局限的，死亡便是其中之一。有些人希望透過「上傳」的方式，把自己腦袋裡的內容物複製到一個機器中，以實現長生不死。但是從下面這個簡單的論點就知道，這樣做注定會失敗——即使機器有一天擁有意識。想像一下，你的思想上傳了，但你的大腦沒有被刪除，其「數據」在複製的過程中保留下來。假設機器連上線了，這時候會存在兩個主體，一個是原本的你，一個是機器。機器頂多只是你的心智複製品，不是你。假如你離世之後，機器才被開啟，結果也是一樣的。你並沒有繼續存在，你只是被複製了。

使用自然的手法不可能死亡後還活著。要做到這點，只能透過轉世或神的意志這種超驗的方式。如果你沒有宗教信仰，就不能抱持永遠活著的希望，或是希望你愛的人會永遠活著。為他們的驟逝感到悲痛仍然說得通，那是一種理性的絕望。每一段關係都會歸檔，每一個能力都會喪失，不是慢慢來，就是一次全賠，但是絕對是改變不了且永遠無法回復的。到最後，似乎還是沒有任何希望，那道光熄滅了。

可是，我們其實只是閉上眼睛或垂下視線。抬起頭四處張望吧！世界上有數十億人，而且每年都有數百萬人出生。稍微改變一下卡夫卡曾說過的話，那就是希望其實很多，永無止盡，只是那些不是我們的希望。但，那樣太黑暗了，因為我們是誰？不只是活生生的一個人，還是人類。人類若有希望，我們就有希望。同樣地，問題不在該不該抱持希望，而是該對什麼抱持希望。我們可以希望生命有意義，跌跌撞撞地通往更正義的未來。

沒有任何事情可以改正過去的錯誤，那些錯誤將永遠跟著我們，而為了更好的世界所進行的奮鬥，也或許永遠不會有結束的一天。但，我們有希望。以氣候變遷為例，全球暖化無法逆轉，這件事已經發生，而且情況還愈來愈糟。然而，這場災難是一次一次地來，每一次都會帶來變化。若不能期望攝氏兩度的溫度變化，可以期望攝氏二點五度；若不能期望攝氏二點五度，可以期望攝氏三度。希望的同時，我們要一起行動。我們可以希望地球會在我們的努力之下及時降溫。希望從不會滅亡：「只要我們還能說：『這是最糟的情況』，最糟的就還沒來。」

當我們不知道應該抱持什麼希望，就希望自己能夠學習吧。現在，我們很難想像要如何建立真正的民主或怎麼樣才算是有意義地彌補過去。然而，我們還有空間抱持哲學家喬納森・李爾（Jonathan Lear）所說的「激進希望，邁向一個可以超越目前理解能力的美好未來」。艾瑞斯・梅鐸則認為，我們可以希望新的觀念會「延伸語言的界線，讓語言能照亮原本黑暗的區域。」

我們應該拋棄的觀念有：最好的人生要有一個準則或目標；快樂是人類的益處；自我利益跟他人的利益背道而馳。身體障礙不一定會讓人生變得糟糕；痛苦不是無法描述；愛不一定要爭取得來；悲痛不是一種錯；調和悲痛不是背叛；生命不是「不斷上漲、緊繃，直到高潮為止」的敘事，不是只有完成一件又一件的事；扛起正義的責任不一定要互相責怪；雖然我們不可能知道自己做得夠不夠，但那不是什麼也不做的理由；人生不一定是荒謬的；我們還有空間抱持希望。

這些有的是近代的發現，有的是全新的發現。不過，有的起源更早。一九九一年，愛爾蘭詩人謝默斯・希尼（Seamus Heaney）寫下《在特洛伊治癒》（*The Cure at Troy*），改編了希臘劇作家索福克里斯（Sophocles）首次在西元前四〇九年（跟第歐根尼出生的時間差不多）搬上舞臺的一部劇本。在故事中，希臘人圍攻了特洛伊城，他們的英雄阿基里斯陣亡了，一位先知告訴他們，必須靠斐洛克特底和他的弓箭才有辦法贏得戰爭。問題是，斐洛克特底在前往特洛伊的途中遭到奧德修斯拋棄，他的腳被蛇咬，感染並發臭。奧德修斯坦承：「就是我丟下了他和他潰爛的腳。或者該說，腐爛潰瘍前的那一隻腳。」他們唯一的希望，就是靠奧德修斯返回斐洛克特底所在的沙漠島嶼利姆諾斯。奧德修斯帶著阿基里斯悲痛的兒子奈奧普托勒姆斯一起去，打算讓奈奧普托勒姆斯欺騙斐洛克特底，將奧德修斯說成他們兩人共同的敵人，然後把斐洛克特底帶回特洛斯，贏得戰爭。

然而，事情的發展不如預期。並不想說謊的奈奧普托勒姆斯一開始按照計畫走，成功獲得斐洛克特底的信任。斐洛克特底說道：「好孩子，試想海灣空蕩蕩的，船隻全都消失，絕對的孤寂，什麼也沒有。僅剩海浪的拍打聲和我傷口的刺痛。」奈奧普托勒姆斯聽了這番話，羞愧不已，坦白一切。但他也告訴斐洛克特底，神的預言非得實現不可。斐洛克特底必須前往特洛伊，醫者阿斯克勒庇俄斯會治好他的傷口。「然後你要帶著弓跟我走，前進前線，贏回城市。這一切都必須發生。」於是，一切成真了。

《在特洛伊治癒》這部劇作同時涵蓋了疾病、寂寞、悲痛、失敗、不公、荒謬和希望等主題。它講到我們對待生病受傷的人有時會表達出來的麻木、疼痛的寂寞、生命面對苦難時的堅韌；講到悲痛可能讓我們做錯事、成敗的無常、不公的誘惑與修復的可能；講到道德宇宙的弧線，以及這個世界的奧祕和無法預測性（神的意志）是如何創造或混淆意義，為希望和行動挪出空間。這個故事要我們發揮同情心和勇氣，在一個不正義的世界要求正義。故事快要進入尾聲時，樂隊懇求斐洛克特底前往特洛伊戰鬥：

歷史說，不要
在這個世界抱持希望。
但，一生有那麼一次
渴望已久的正義潮浪
有可能升起，
希望和歷史便能成韻。

這位詩人跟我們一樣，很清楚「希望」和「歷史」這兩個字並不成韻。然而，有一天，不曾夢想過的和諧實現時，或許真的會也說不定。

〔謝辭〕

我的經紀人愛莉森・德弗勒（Allison Devereux）告訴我，我不一定要寫這本書，於是才讓這本書得以完成。我很感謝她的耐性、機智和編輯智慧，但我最感謝她對我的著作如此充滿信心。謝謝妳，愛莉森。

河源出版社（Riverhead）的寇特妮・楊（Courtney Young）是一位很有生產力和見解的編輯，總能準確點出我模糊不清的思維，讓我避開了許多錯誤。克里斯・威爾畢樂弗（Chris Wellbelove）透過哈金森海尼曼出版社（Hutchinson Heinemann）的海倫・康福德（Helen Conford），替這本書找到了完美的家。我要謝謝克里斯和海倫如此細心地閱讀，讓我的文字更流暢，批判味道沒那麼重，並告訴我哪裡寫得不好。

我有好幾位朋友在二〇二一年的夏天閱讀了這

本書的手稿。我要謝謝馬特・波以爾（Matt Boyle）與迪克・莫蘭（Dick Moran）的付出、鼓勵與指教，他們是我心目中的清廉學者原型，我很感激他們的支持；伊恩・布萊徹（Ian Blecher）為這本書的早期稿件提供了詳盡的評論，促使我做出許多更動，我知道我比不上他的優秀著作，但我盡力了；我還要謝謝莎拉・尼可斯（Sara Nichols）在本書撰寫初期提供緊急建議。

謝謝愛兒和瑪拉，我欠你們的說也說不清。是他們的堅毅和陪伴讓我不至於失去理智。我從他們兩個身上學到了愛與失去、正義與失敗。愛兒是自信、正直與道德力量的模範，但即使沒有這些特質，我還是會愛他們。瑪拉的才能影響了這本書的每一章，沒有人像她一樣形塑我的學識人生，以及我對身為作家的意義是什麼所抱持的想法。但是話說回來，我們也形塑彼此裡裡外外的人生二十五年了。如果說我們活在一個充滿不安的時代，我很幸運地能有她在我身邊。

注解

※ 注解前方數字為本書頁碼。

序言

8 **需要有人特別提醒：**赫邁恩・維特根斯坦（Hermine Wittgenstein）提到這段插曲，"Mein Bruder Ludwig," Ludwig Wittgenstein: Personal Recollections, ed. Rush Rhees (Oxford: Blackwell, 1981), 14–25, 18; 感謝伊恩・布萊切協助翻譯。

概論

11 **各位朋友，不得不說，人生好難：**我要跟約翰・貝里曼（John Berryman）致歉，我自行改編了他的話：「各位朋友，人生好無聊，但這樣說真不應該。」請參見"Dream Song 14," The Dream Songs (New York: Farrar, Straus and Giroux, 1969), 16

11 **我還是有遇到一些麻煩：**我的哲學之路，一定要提起恐怖／科幻作家 H・P・洛夫克拉夫特（H. P. Lovecraft）。"Correspondence: Revisiting H. P. Lovecraft," Yale Review 108: 135–52，線上版本 "Lovecraft and Me," yalereview.org/article/lovecraft and me.

12 **我的中年危機提早發作：**於是我寫了《中年》（*Midlife*）一書 : A Philosophical Guide (Princeton, NJ: Princeton University Press, 2017).

12 **社會日益不平等，民主政體搖搖欲墜：**請參見 ThomasPiketty,Capital in the Twenty-First Century, trans. Arthur Goldhammer (Cambridge, MA: Harvard University Press, 2014); Anne Applebaum, Twilight of Democracy: The Seductive Lure of Authoritarianism (New York: Doubleday, 2020).

13 **「主要圍繞著理想的生活方式」：**Plato, Republic, trans. G. M. A.

Grube and C. D. C. Reeve (1992), 352d, in Plato, The Complete Works, ed. John M. Cooper (In dianapolis: Hackett Publishing, 1997), 996.

13 **哲學倫理學和「自助」**：請參見 Aaron Garrett, "Seventeenth Century Moral Philosophy: Self Help, Self Knowledge, and the Devil's Mountain," Oxford Handbook of the History of Ethics, ed. Roger Crisp (Ox ford: Oxford University Press, 2013), 229–79.

14 **還要選擇幸福的生活**：請參見 Gavin Lawrence, "Aristotle and the Ideal Life," Philosophical Review 102 (1993): 1–34.

14 **「人要盡可能過最美好的生活」**：Aristotle, Nicomachean Ethics, trans. David Ross and ed. Lesley Brown (Oxford: Oxford University Press, 2009), 1177b32–1178a2.

14 **把哲學理論建立在美好生活之上，而非苦難之上**：阿拉斯代爾．麥金泰爾（Alasdair MacIntyre）是少數的特例 (in Dependent Rational Animals: Why Human Beings Need the Virtues [Chicago: Open Court Publishing, 1999], 4)：「問題來了：既然人類的境況主要是脆弱、苦難和依賴，道德哲學對世界可以有什麼貢獻呢？」

14 **「直接導致人生走下坡的因素」；「總忽略心理不康寧」**：Shelly Kagan, "An Introduction to Ill Being," Oxford Studies in Normative Ethics 4 (2015): 261–88, 262, 263.

14 **「正向思考的力量」**：最近有兩本書都在批評這種趨勢。Barbara Ehrenreich, Bright-Sided: How Positive Thinking Is Undermining America (New York: Picador, 2009), and Oliver Burkeman, The Antidote: Happiness for People Who Can't Stand Positive Thinking (New York: Farrar, Straus and Giroux, 2012).

15 **完全操之在己**：請參見 Epictetus, "Handbook," Discourses, Fragments, Hand- book, trans. Robin Hard (Oxford: Oxford University Press, 2014); and for contemporary adaptations, William Irvine, A Guide to the Good Life: The Ancient Art of Stoic Joy (Oxford: Oxford University Press, 2008) and Mas simo Pigliucci, How to Be a Stoic (New York: Basic Books, 2017).

15 **神義論有自己的生命**：哲學家蘇珊．奈曼（Susan Neiman）還改寫現代哲學的歷史，認為哲學是在沉思自然和道德的邪惡。請參見 Evil in Modern Thought: An Alternative History of Philosophy (Princeton,

NJ: Princeton University Press, 2002).

16 **「完美正直的人」；「從頭皮到腳掌無一倖免」**：Stephen Mitchell, The Book of Job (San Francisco: North Point Press, 1987), 6, 8.

16 **「捏造不實的言論」；「包括一萬四千隻綿羊」**：Mitchell, Book of Job, 91.

17 **「我只能在我『看得見』的世界做選擇」**：Iris Murdoch, The Sovereignty of Good (London: Rout ledge, 1970), 35–36.

18 **「你無法逃避，你只能通過」**：Robert Frost, "A Servant to Servants," Complete Poems of Robert Frost (New York: Holt, Rinehart and Winston, 1964), 83.

19 **看似理想的生活**：瑪雅的例子，靈感來自羅伯特・諾齊克（Robert Nozick）提出的「經驗機器」（Experience Machine）；請參見 Anarchy, State, and Utopia (Cambridge, MA: Harvard University Press, 1974), 42–45.

19 **「人『不』追求快樂」**：Friedrich Nietzsche, Twilight of the Idols (1889), Trans. Richard Polt (Indianapolis: Hackett Publishing, 1997), 6.

20 **「被鞭笞、綁在刑架上」**：Plato, Republic, 361e; Plato, Complete Works, 1002.

21 **最後以「其餘整個宇宙」作結**：William James, The Varieties of Religious Experience: A Study in Human Nature (1902), ed. Matthew Bradley (Oxford: Oxford University Press, 2012), 35.

23 **「不追求正義，人世間就沒有快樂可言」**：John Berger, Hold Everything Dear: Dispatches on Survival and Resistance (New York: Vintage, 2007), 102.

23 **「環顧」周圍的世界**：Simone Weil, "Essay on the Concept of Reading" (1941/1946), Late Philosophical Writings, trans. Eric O. Springsted and Lawrence E. Schmidt (South Bend, IN: University of Notre Dame Press, 2015), 21–28.

24 **「寫道德哲學是一門危險的工作」**：Bernard Williams, Morality: An Intro- duction to Ethics (Cambridge, MA: Cambridge University Press, 1972), xvii.

CHAPTER 1 疾病

29 **「筆是不是有陽具的隱喻？」**：Sandra Gilbert and Susan Gubar, The Madwoman in the Attic: The Woman Writer and the Nineteenth-Century Literary Imagina- tion (New Haven, CT: Yale University Press, 1979), 3.

29 **例如：維吉尼亞．吳爾芙（Virginia Woolf）**：Susan Gubar, Memoir of a Debulked Woman: Endur- ing Ovarian Cancer (New York: Norton, 2012); Virginia Woolf, "On Being Ill," The New Criterion 4 (1926): 32–45.

29 **「從她的書看來，我還以為她沒有腸子呢！」**：Hilary Mantel, "Meeting the Devil," London Review of Books, November 4, 2010.

29-30 **「痛不欲生」；「疼痛疲累」**：Gubar, Debulked Woman, 143, 243.

31 **機能不全**：請參見 Christopher Boorse, "On the Distinction between Disease and Illness," Philosophy and Public Affairs 5 (1977), 49–68, modified by Havi Carel, Phenomenology of Illness (Oxford: Oxford University Press, 2016), 17.

31 **「從醫學領域帶到政治少數群體的討論」**：Rosemarie Garland Thomson, Extraordinary Bodies: Figuring Physical Disability in American Literature and Culture (New York: Columbia University Press, 1997), 6.

32 **「而是這樣的身體只占少數」**：Elizabeth Barnes, The Minority Body: A Theory of Dis- ability (Oxford: Oxford University Press, 2016), 1. 我跟巴恩斯一樣，也是把焦點放在身體上，如果還要考慮認知和心理的疾病，已經超出這裡的討論範圍。大家可以參考 Barnes, Minority Body, 3, and her "Replies to Commentators," Philosophy and Phenomenological Research 100 (2020): 232–43.

32 **身障的「形而上學」**：葛蘭湯姆森認為，身障是因為社會條件惡劣，以致人要承受「損傷」（生理機能不全）的負面效應（Garland Thomson, Extraordinary Bodies, Chapters 1 and 2）；巴恩斯主張身障人士應享有的權利（Barnes, Minority Body, Chapter 1）。

32 **哲學家大多把身障視為典型的損害或傷害**：請參見 Barnes, Minority Body, Chapters 2 and 3.

33 **「塞翁失馬」**：Jon J Muth, Zen Shorts (New York: Scholastic, 2005).

33 **「生活的樂趣並沒有大幅降低」**：Samuel R. Bagenstos and Margo

Schlanger, "He donic Damages, Hedonic Adaptation, and Disability," Vanderbilt Law Re- view 60 (2007): 745–800, 763. 也可以參見 Daniel Gilbert, Stumbling on Happiness (New York: Vintage, 2006), 153; Erik Angner, Midge N. Ray, Kenneth G. Saag, and Jeroan J. Allison, "Health and Happiness among Older Adults," Journal of Health Psychology 14 (2009): 503–12; and Carel, Phenomenology, 131–35.

34 **理想生活的定義是「沒有缺憾」**：Aristotle, Nicomachean Ethics, trans. David Ross and ed. Lesley Brown (Oxford: Oxford University Press, 2009), 1097b16.

34 **「大家最嚮往的生活」**：Aristotle, Nicomachean Ethics, 1097b17.

35 **「實現潛能」**：Jonathan Haidt, The Happiness Hypothesis: Finding Modern Truth in Ancient Wisdom (New York: Basic Books, 2006), 156–57.

36 **短篇小說《錄事巴托比：華爾街的故事》**：Herman Melville, Bartleby the Scrivener (Brook lyn: Melville House, 2004); originally published as "Bartleby, the Scrivener: A Story of Wall Street," Putnam's Monthly Magazine, November–December 1853.

36 **『恕難從命』**：Melville, Bartleby, 17.

37 **有一種美好的生活是「毫無缺憾」**：Aristotle, Nicomachean Ethics, 1097b16.

37 **「在共產社會」**：Karl Marx and Friedrich Engels, The German Ide- ology (1846), in Karl Marx: Selected Writings, ed. David McLellan (Oxford: Oxford University Press, 2000), 175–208, 185.

38 **相信它值得保存**：請參見 Joseph Raz, Value, Respect, and Attachment (Cambridge: Cambridge University Press, 2001).

38 **球團經營鬼才比爾．威克**：這一段細節引述自 Veeck as in Wreck: The Autobiography of Bill Veeck (New York: Putnam, 1962), written by Bill Veeck with Ed Linn.

39 **沒想到過了中年，雙腿竟無法行走**：Harriet McBryde Johnson, Too Late to Die Young (New York: Picador, 2005), 15.

40 **「變數實在太多了」**：Johnson, Too Late to Die Young, 207–8.

40 **握有重要的證據**：請參見 Barnes, Minority Body, Chapter 4.

40 **倫理教育**：請參見 Mark Hopwood, " 'Terrible Purity': Peter Singer,

Harriet McBryde Johnson, and the Moral Significance of the Particular," Journal of the American Philosophical Association 4 (2016): 637–55.

40 **這些創傷遠比想像的還要快痊癒**：Bagenstos and Schlanger, "Hedonic Damages, Hedonic Adaptation, and Disability."

40 **有些懷疑論的哲學家**：例如 Guy Kahane and Julian Savulescu, "Disability and Mere Difference," Ethics 126 (2016): 774–88.

40 **人要適應身障生活並不容易**：Barnes, Minority Body, 148.

40 **我們不應該干預別人的身體自主權**：Barnes, Minority Body, 147.

41 **做了一個刁鑽的思想實驗**：Seana Shiffrin, "Wrongful Life, Procreative Responsibility, and the Significance of Harm," Legal Theory 5 (1999): 117–48, 127–28.

41 **同理可證，致人身殘**：巴恩斯認為，「導致嬰孩身障或無身障，並沒有什麼差異」，但我並不同意。(Barnes, Minority Body, 154).

42 **客觀（健康）條件**：Erik Angneretal.,"Health and Happiness among Older Adults," 510.

45 **「顫抖和頭痛」**：Woolf, "On Being Ill," 34.

45 **「身體疼痛有別於」**：Elaine Scarry, The Body in Pain: The Making and Unmaking of the World (Oxford: Oxford University Press, 1985), 5.

45 **缺乏參考內容**：請參見 George Pitcher, "Pain Perception," Philosophical Review 79 (1970): 368–93.

45 **「嗓子疼」**：Mantel, "Meeting the Devil."

46 **「或病態的狀態」**：Pitcher, "Pain Perception," 371.

48 **「疼痛的身體，不再只是『背景』」**：Drew Leder, The Absent Body (Chicago: University of Chicago Press, 1990), 74. 雷德受到更早的現象學家影響，尤其是沙特的身體論述。請參見 Jean Paul Sartre, Being and Nothingness (1943), trans. Sarah Richmond (London: Routledge, 2018).

48 **「大自然用疼痛和飢渴等感覺」**：René Descartes, Meditations on First Philosophy (1641), trans. John Cottingham (Cambridge: Cambridge University Press, 1986), 64.

49 **「對我們而言，身體……」**：Maurice Merleau Ponty, The Primacy of Perception: And Other Essays, ed. James M. Edie (Evanston,

IL: Northwestern University Press, 1964), 5, quoted in Carel, Phenomenology, 34.

50 **「電子告密者」**：David K. Lewis, "Finkish Dispositions," Philosophical Quarterly 47 (1997): 143–58; C. B. Martin, "Dispositions and Conditionals," Philosophical Quarterly 44 (1994): 1–8.

50 **「囚犯把自由想得太美好」**：Alphonse Daudet, In the Land of Pain (1930), trans./ed. Julian Barnes (New York: Vintage, 2003), 44.

51 **最近道德理論有一個重要觀念，稱為「個體獨立性」**：這句話經常被說是出自於羅爾斯（John Rawls），但他並沒有這樣說，他只有引用過「人與人的差異」和「個體的多元性和特殊性」（A Theory of Justice [Cambridge, MA: Harvard University Press, 1971], 27, 29)），因此「個體獨立性」似乎是出自默默無名的南非哲學家 J．N．芬德利（J. N. Findlay），他還提過，「個體獨立性是道德的基本現實。」(Values and Intentions: A Study in Value-Theory and Philosophy of Mind [London: Allen & Unwin, 1961], 299)。也可以參見 Robert Nozick on "side constraints," or rights against interference, and "the fact of our separate existences" (Anar- chy, State, and Utopia [Cambridge, MA: Harvard University Press, 1974], 32–33).

52 **「奇特的痛；劇痛」**：Daudet, In the Land of Pain, 6, 24–25.

54 **「慢性疼痛的人」**：Leder, Absent Body, 76.

54 **「痛苦——有一種空白的成分」**：Emily Dickinson, The Complete Poems (New York: Little, Brown and Company, 1960), 323–24.

56 **「都德對其他病人的建議，還滿務實的」**：Daudet, In the Land of Pain, 79.

56 **「代替別人去小便」**：這句話出處成謎，經過我的調查，出處應該是蘇格蘭哲學家兼革命者約翰奧斯沃（John Oswald），他批評代議政治是「別人代替你小便」。請參見 John Oswald, The Government of the People, Or a Sketch of a Constitution for the Universal Commonwealth (1792), quoted in David V. Erdman, Commerce Des Lumières: John Oswald and the British in Paris, 1790–1793 (Columbia: University of Missouri Press, 1986), 293.

57 **「一樣傷人」；「而這種可怕的感受，大家都有目共睹」**：Anne Boyer, The Undying (New York: Picador, 2019), 239.

58 **「我待在茱莉亞的床邊，每個小時都好痛苦」**：Daudet, In the Land of

Pain, 25.

58 「人生病的時候」：Carel, Phenomenology, 77.

CHAPTER 2 孤獨

61 **慢性孤獨**：Emily White, Lonely: Learning to Live with Solitude (New York: Harper, 2010), 74–75.

61 **全球有二十五億人口的行動受到限制**：Noreena Hertz, The Lonely Century (London: Sceptre, 2020), 1.

61 **我開了播客節目，叫做《五個問題》**：Kieran Setiya, Five Questions, podcast audio, anchor.fm/kieran setiya.

62 **出現大量關於孤獨的勸世書籍**：David Riesman, Nathan Glazer, and Reuel Denney, The Lonely Crowd (New Haven, CT: Yale University Press, 1950); Philip Slater, The Pursuit of Loneliness (Boston: Beacon Press, 1970); Vance Packard, A Nation of Strangers (Philadelphia: D. McKay Company, 1972); Robert D. Putnam, Bowling Alone (New York: Simon & Schuster, 2000); Sherry Turkle, Alone Together (New York: Basic Books, 2011).

62 **找不到人聊一聊「要事」**：Miller Mc Pherson, Lynn Smith Lovin, and Matthew E. Brashears, "Social Isolation in America: Changes in Core Discussion Networks over Two Decades," American Sociological Review 71 (2006): 353– 75; cited in John Cacioppo and William Patrick, Loneliness: Human Nature and the Need for Social Connection (New York: Norton, 2008), 52, 247; White, Lonely, 222–23; and Hertz, The Lonely Century, 10–11.

62 **「占有式個人主義」的意識形態**：C. B. Macpherson, The Political Theory of Possessive Individualism: Hobbes to Locke (Oxford: Oxford University Press, 1962).

62 **最貼近的字，就只有「單獨」**：請參見 Fay Bound Alberti, A Biography of Loneliness (Oxford: Oxford University Press, 2019), 18–20.

62 **不只是孤獨一詞，就連孤獨的經驗，也是在一八〇〇年出現的**：Alberti, A Biography of Loneliness, 10, 30–37.

63 **「人在倫敦，是死是活」**：Charles Dickens, Sketches by Boz (London:

John Macrone, 1836), "Thoughts about People."

63 統計的把戲：Claude S. Fischer, "The 2004 GSS Finding of Shrunken Social Networks: An Artifact." American Sociological Review 74 (2009): 657–69.

63 影響了受訪者的答覆：Anthony Paik and Kenneth Sanchagrin, "Social Isolation in America: An Artifact," American Sociological Review 78 (2013): 339–60.

64 提供大量的證據：Claude S. Fischer, Still Connected: Family and Friends in America Since 1970 (New York: Russell Sage Foundation, 2011).

64 「沒有朋友，誰還會選擇活下去呢？」：Aristotle, Nicomachean Ethics, trans. David Ross and ed. Lesley Brown (Oxford: Oxford University Press, 2009), 1155a5–6.

64 全然的獨處：David Hume, A Treatise of Human Nature (1739–40), eds. David Fate Norton and Mary J. Norton (Oxford: Oxford University Press, 2007), 2.2.5.

65 「閃現於眼瞼幽幕，那是天堂極樂的孤獨」：William Words worth, " 'I Wandered Lonely as a Cloud' " (1804), Selected Poems, ed. Stephen Gill (London: Penguin, 2004), 164.

65 「深愛獨處」：Rainer Maria Rilke, Letters to a Young Poet (1929), trans. M. D. Herter Norton (New York: Norton, 1934), 30.

65 「慶祝孤獨的聖誕老人」：W. H. Auden, "New Year Letter," Collected Poems (New York: Vintage, 1976), 204.

65 大讚獨處的成長力量：Anthony Storr, Solitude: A Return to the Self (New York: Free Press, 1988).

65 分析英格蘭現代早期的友誼：Keith Thomas, The End sof Life: Road sto Fulfillment in Early Modern England (Oxford: Oxford University Press, 2009), Chapter 6.

65 「你看這些例子」：Thomas, The Ends of Life, 191.

65 蘇格蘭啟蒙思想家：Allan Silver,"Friendship in Commercial Society: Eighteenth Century Social Theory and Modern Sociology," American Journal of Sociology 6 (1990): 1474–504; Adam Smith, An Inquiry into the Nature and Causes of the Wealth of Nations (1776), eds. R. H. Campbell and A. S. Skinner (Oxford: Oxford

University Press, 1975).

66 **越自由的人，相對較不孤獨**：請參見 David Vincent, A History of Solitude(Cambridge: Polity, 2020), 153–55; Radclyffe Hall, The Well of Loneliness (London: Jonathan Cape, 1928).

66 **社群媒體會不會破壞人與人的連結能力**：請參見 Vincent, A History of Solitude, 251, responding to Turkle, Alone Together.

66-67 **「社交孤立對身體的影響」**：Cacioppo and Patrick, Loneliness, 5.

67 **而不只有「共病症」的行為**：Cacioppo and Patrick, Loneliness, 93–99.

67 **跟「戰或逃」有關的發炎反應**：Cacioppo and Patrick, Loneliness, 105.

67 **一九七〇年有一份研究跨時九年**：L. F. Berkman and S. L. Syme, "Social Networks, Host Resistance and Mortality: A Nine Year Follow up Study of Alameda County Residents," American Journal of Epidemiology 109 (1979): 186–204.

67 **功能性磁振造影顯示**：Cacioppo and Patrick, Loneliness, 8.

68 **獨立的自我**：「我思，故我在。」René Descartes, Meditations on First Philosophy (1641), ed. John Cottingham (Cambridge: Cambridge University Press, 1986), 21.

68 **沒有「你」，就沒有「我」**：請參見 G. W. F. Hegel, Phenomenology of Spirit (1807), trans. A. V. Miller (Oxford: Oxford University Press, 1977)，更明顯的例子是 Encyclopedia of the Philosophical Sciences (1830) published as Philosophy of Mind, trans. W. Wallace and A. V. Miller, revised with introduction and commentary by Michael Inwood (Oxford: Ox ford University Press, 1971/2007).

68 **「當我們說『我認為』」**：Jean Paul Sartre, Existentialism Is a Humanism (1945), trans. Carol Macomber (New Haven, CT: Yale University Press, 2007), 41.

68 **認為這世上沒有「私人的語言」**：Ludwig Wittgenstein, Philosophical Investigations, trans. G. E. M. Anscombe (Oxford: Blackwell, 1953).

70 **「人是政治的動物」**：Aristotle, Politics, trans. Ernest Barker and ed. R. F. Stalley (Oxford: Oxford University Press, 1995), 1253a.

70-71 **我們特殊的社會性；人類的進化史**：Michael Tomasello, A Natural

History of Human Thinking (Cambridge, MA: Harvard University Press, 2014).

71 **禁止身體接觸的猴子**：Cacioppo and Patrick, Loneliness, 129–30.

71 **歐洲流離失所的孩童**：Inge Bretherton, "The Origins of Attachment Theory: John Bowlby and Mary Ainsworth," Developmental Psychology 28 (1992): 759–75, 760–2.

71 **大量的兒童在孤兒院集體生活**：Cacioppo and Patrick, Loneliness, 130–31.

71 **「依附模式」理論**：Cacioppo and Patrick, Loneliness, 132–33.

72 **「囚犯每天有二十二至二十四小時」**：Jean Casella and James Ridgeway, "Introduction," Hell Is a Very Small Place, eds. Jean Casella, James Ridgeway, and Sarah Shourd (New York: New Press, 2016), 1–20, 7.

72 **「忍受完全的孤立」**：引用自Casella and Ridgeway, "Introduction," 3.

72 **「孤立的臨床效應」**：引用自 Casella and Ridgeway, "Introduction," 10–11.

72 **就連學校裡面，也會用關禁閉懲罰學生**：Dan Moshenberg, "For Vulnerable Children, the School Day Can Include Solitary Confinement," Solitary Watch, January 30, 2020, solitarywatch.org/2020/01/30/for vulnerable children the school day can include solitary confinement.

73 **「不合群的群性」；「就是人性」**：Immanuel Kant, "Idea for a Universal History with a Cosmopolitan Aim" (1784), in Anthropology, History, and Education, eds. Robert B. Louden and Günter Zöller (Cam bridge: Cambridge University Press, 2007), 111.

73 **他參加晚宴的時候，也是相當暢談的**：請參見 Manfred Kuehn, Kant: A Biography (Cam bridge: Cambridge University Press, 2001), 322–25.

73 **「有一個詞完全體現了地獄：獨處」;「其他人才是地獄」**：Victor Hugo, La Fin de Sa- tan (1886), trans. R. G. Skinner, in God and the End of Satan: Selections (Chi cago: Swan Isle Press, 2014); Jean Paul Sartre, No Exit (1944), trans. Stuart Gilbert, in No Exit and Three Other Plays (New York: Vintage, 1989).

74 「隱士的志業，要忍受幾乎無止盡的試煉」：Thomas Merton, "Notes for a Philosophy of Solitude," Disputed Questions (New York: Farrar, Straus and Giroux, 1960), 190.
74 友愛：Aristotle, Nicomachean Ethics, Books VIII and IX.
77 「唯有良善的，才值得去愛」：Aristotle, Nicomachean Ethics, 1165b13–14.
78 「智識上的偏袒」：Simon Keller, "Friendship and Belief," Philosophical Papers 33 (2004): 329–51; Sarah Stroud, "Epistemic Partiality in Friendship," Ethics 116 (2006): 498–524.
79 「關心友誼和關心朋友是不一樣的」：Michael Stocker, "Values and Purposes: The Limits of Teleology and the Ends of Friendship," Journal of Philosophy 78 (1981): 747–65, 755.
79 「有價值的東西，可以被其他東西取代」：Immanuel Kant, Groundwork of the Metaphysics of Mor- als (1785), trans. Mary Gregor (Cambridge: Cambridge University Press, 1998), 46–47.
79-80 哲學家大衛．維勒曼（**J. David Velleman**）認為：J. David Velleman, "Love as a Moral Emotion," Ethics 109 (1999): 338–74; see also Kieran Setiya, "Love and the Value of a Life," Philosophical Review 123 (2014): 251–80.
80 尊重是「最低限度的要求」，至於愛是「個人選擇」：Velleman, "Love as a Moral Emotion," 366.
81 吸毒入獄的人，大多會重蹈覆轍：Five Mualimm ak, "Invisible," Hell Is a Very Small Place, 147–52, 147.
81 「人生的本質」：Mualimm ak, "Invisible," 149.
81 頗有卡夫卡的調性：Haruki Murakami, Colorless Tsukuru Tazaki and His Years of Pilgrimage (New York: Vintage, 2014).
81 「他感覺自己在人生夢遊」：Murakami, Colorless Tsukuru Tazaki, 4.
82 「多崎作一直想著死亡，原因很明顯」：Murakami, Colorless Tsukuru Tazaki, 5.
82 「你自己想一想，就會明白的」：Murakami, Colorless Tsukuru Tazaki, 32.
82 「有事情要處理」： Murakami, Colorless Tsukuru Tazaki, 194.
83 「你的內心有什麼困住了」：Murakami, Colorless Tsukuru Tazaki, 193.

83 「我會告訴自己」：White, Lonely, 162.

83 特別在意社交線索：Cacioppo and Patrick, Loneliness, 161; the rest of this paragraph draws on Chapter 10.

84 「慢性孤獨」跟「社交技巧差」並無關聯：White, Lonely, 148–49.

84 荷蘭心理學家南・史蒂文斯（**Nan Stevens**）：White, Lonely, 274–75.

85 「深陷孤獨之痛的人，有一個最難打破的觀念」：Cacioppo and Patrick, Loneliness, 230–31.

85 「從小事做起……」：Cacioppo and Patrick, Loneliness, 237.

86 到慈善廚房做志工；參與女性籃球聯盟：White, Lonely, 67.

86 「她天生不喜歡浪費錢，於是把焦慮擺在一邊」：White, Lonely, 309.

86 二〇一四年有一份芝加哥通勤者的研究：Nicholas Epley and Juliana Schroeder, "Mistakenly Seeking Solitude," Journal of Experimental Psychology 143 (2014): 1980–99, cited in Kate Murphy, You're Not Listening: What You're Missing and Why It Matters (New York: Celadon Books, 2020), 42–46.

87 有一位哲學家談到自己從小就斜視：Stephen Darwall, interviewed by Kieran Setiya, Five Questions, May 18, 2021, anchor.fm/kieran setiya/episodes/Stephen Darwall es59ce.

87 把互惠視為倫理道德的核心：Stephen Darwall, The Second-Person Standpoint: Morality, Respect, and Accountability (Cambridge, MA: Harvard University Press, 2006).

87 用心傾聽別人說話：近期的綜合研究，請參見 Murphy, You're Not Listening.

87 「我們經常陷入這種對話卻不自知」：F. P. Ramsey, "Epilogue," Philosophical Papers, ed. D. H. Mellor (Cambridge: Cambridge University Press, 1990), 245–50, 247.

88 有技巧的對話：Murphy, You're Not Listening, 150–51, 179–80.

CHAPTER 3 悲傷

89 「我媽媽剛過世」：Tig Notaro, Live (Secretly Canadian, 2012), "No Questionnaires to Dead People."

90 悲傷不是簡單的情緒：請參見 George A. Bonanno, The Other Side of Sadness: What the New Science of Bereavement Tells Us about

Life After Loss (New York: Basic Books, 2009), 34.

90 **「我承受親人離世之苦」**：Roland Barthes, Mourning Diary: October 26, 1977– September 15, 1979 (2009), trans. Richard Howard (New York: Hill & Wang, 2010), 122.

90 **有些人選擇在悲劇過後，大開玩笑**：承受喪親之慟，仍有源源不絕的笑聲，請參見 Bonanno, Other Side of Sadness, 38–39.

90 **悲傷是我們做的事**：悲傷的動態特質，請參見 Peter Goldie, "Grief: A Narrative Account," Ratio 24 (2011): 119–37. 但我不建議把短暫的悲傷分期，例如初期、中期、末期。

91 **「真正碰到悲傷了」**：Joan Didion, The Year of Magical Thinking (New York: Vintage, 2005), 188–89.

92 **「複雜的哀傷反應」**：Bonanno, Other Side of Sadness, 103.

92 **佛洛伊德把「哀傷工作」（grief work）視為大工程**：Bonanno, Other Side of Sadness, 15-20

92 **馬上逼自己「簡述」創傷事件**：Bonanno, Other Side of Sadness, 107–8.

92 **悲傷也沒有固定的階段**：Bonanno, Other Side of Sadness, 21–22. 這個五階段模型仿效庫伯勒－羅絲模型（Kübler-Ross model），庫伯勒 - 羅絲探討病人如何面對死亡，也是分成五個獨立階段。請參見 Elisabeth Kübler Ross, On Death & Dy- ing (New York: Scribner, 1969).

93 **喪慟主要是壓力反應**：Bonanno, Other Side of Sadness, 40.

93 **在小紙張上擦擦寫寫的結果**：Barthes, Mourning Diary, ix.

93 **「倉促，因為情緒混亂」**：Annie Ernaux, I Remain in Darkness (1997), trans. Tanya Leslie (New York: Seven Stories Press, 1999), 10.

94 **箱型書**：B. S. Johnson, The Unfortunates (London: Panther Books, 1969)

94 **古希臘和古羅馬的哲學派別互相對抗**：如果想看概述，請參見 Scott LaBarge, "How (and Maybe Why) to Grieve Like an Ancient Philosopher," Oxford Studies in Ancient Philosophy, Supplementary Volume (2012): 321–42.

95 **「說到你快樂的泉源」**：Epictetus, "Handbook," Discourses, Fragments, Handbook, trans. Robin Hard (Oxford: Oxford University Press, 2014), 288.

96 **斯多葛學派都大受歡迎**：當代的斯多葛學派，請參見 William Irvine, A

Guide to the Good Life: The Ancient Art of Stoic Joy (Oxford: Oxford University Press, 2008), and Massimo Pigliucci, How to Be a Stoic (New York: Basic Books, 2017).

96 **小說家亨利．詹姆士**：請參見 Beth Blum, The Self-Help Compulsion: Search- ing for Advice in Modern Literature (New York: Columbia University Press, 2020), 225–26.

97 **酸葡萄心理**：請參見 Jon Elster, Sour Grapes: Studies in the Subversion of Ra- tionality (Cambridge: Cambridge University Press, 1983).

97 **甘於受人壓迫**：請參見 Martha Nussbaum, "Adaptive Prefer ences and Women's Options," Economics and Philosophy 17 (2001): 67–88.

97 **因為宇宙有神聖秩序**：John M. Cooper, Pursuits of Wisdom: Six Ways of Life in Ancient Philosophy from Socrates to Plotinus (Princeton, NJ: Princeton University Press, 2012), Chapter 4.

97 **這是基於神義論**：卡洛斯．弗蘭克爾（Carlos Fraenkel）批評馬西莫．皮古留斯（Massimo Pigliucci），就特別強調這一點。"Can Stoicism Make Us Happy?" The Nation, Febru ary 5, 2019.

98 **「你得不到的東西，不代表它不值得擁有」**：A. O. Bell, ed., The Diary of Virginia Woolf, Volume 2: 1920–1924 (New York: Harcourt Brace & Company, 1978), 221.

99 **「別人不再愛你，你會心死」**：Iris Murdoch, The Sea, the Sea (London: Chatto & Windus, 1978), 84.

100 **「我們互不相識」**：Stacey May Fowles, Baseball Life Advice: Lov- ing the Game That Saved Me (Toronto: McClelland & Stewart, 2017), 224.

100 **「人生變化如此之快」**：Didion, Magical Thinking, 3.

101 **「完成」的關係，「建檔」的關係**：Samuel Schef fler, "Aging as a Normative Phenomenon," Journal of the American Philo- sophical Association 2 (2016): 505–22, 505–6.

102 **「沒體會過傷痛的人」；「我經常跟她說話」**：Julian Barnes, "The Loss of Depth," in Levels of Life (New York: Vintage, 2013), 111.

103 **「每當我跟別人說」**：Denise Riley, "Time Lived, Without Its Flow" (2012), in Say Something Back; Time Lived, Without Its Flow (New

York: New York Review Books, 2020), 69–124, 98.

103 **可能會跟日常生活脫節**：關於這一點，請參見 Scheffler, “Aging as a Normative Phenomenon,” 514–18.

103 **「我到底該如何跟世界重新連結呢？」**：Denise Riley, “Time Lived, Without Its Flow,” 100.

103 **「付出高昂的代價」；「當你看著亡者悄悄離開了」**：Denise Riley, “Time Lived, Without Its Flow,” 121.

103 **「教導你愛音樂的人，是你的母親」**：Palle Yourgrau, Death and Nonexistence (Oxford: Ox ford University Press, 2019), 49.

104 **「而是下一個舞步」**：C. S. Lewis, A Grief Observed (London: Faber and Faber, 1961), 50.

105 **可以從愛人的回憶裡，找到喜悅和自在**：Bonanno, Other Side of Sadness, 72–74.

105 **「活下來的人，跟亡者的婚姻越快樂越好」**：Lewis, A Grief Observed, 54.

105 **「純粹的哀悼」**：Barthes, Mourning Diary, 40.

105 **古老的哲學派別倒是很贊同這種作法**：請參見 LaBarge, “How (and Maybe Why) to Grieve Like an Ancient Philosopher.”

106 **「死亡是最可怕的不幸」**：Epicurus,“LettertoMenoeceus,”Epicurus: The Extant Remains, trans. Cyril Bailey (Oxford: Oxford University Press, 1926), 82–93, 85.

106 **「還有她的身體、靈魂」**：Barnes, “Loss of Depth,” 85.

106 **他想要成為超人**：Kieran Setiya, Midlife: A Philosophical Guide (Prince ton, NJ: Princeton University Press, 2017), 118–19.

108 **「她清晨起床」**：Ernaux, I Remain in Darkness, 19.

108 **「我心碎了」**：Ernaux, I Remain in Darkness, 39

109 **「真是可怕又無助」**：Ernaux, I Remain in Darkness, 70.

109 **「悲傷萬千」**：Ernaux, I Remain in Darkness, 71.

110 **失去另一半或孩子的人，有超過半數具備「情緒韌性」**：Bonanno, Other Side of Sad- ness, 6–8, 70, 96; George A. Bonanno, Judith Tedlie Moskowitz, Anthony Papa, and Susan Folkman, “Resilience to Loss in Bereaved Spouses, Be reaved Parents, and Bereaved Gay Men,” Journal of Personal and Social Psy- chology 88 (2005): 827–43.

110 **「失去親人的人」**：Bonanno, Other Side of Sadness, 24.

111 **「沒有某人也過得去，難道是你對她的愛，沒有想像的深？」**：Barthes, Mourning Diary, 68.

111 **「我很訝異，我竟然只花了幾個禮拜」**：Berislav Maruši , "Do Reasons Expire An Essay on Grief," Philosophers' Imprint 18 (2018): 1–21, 2–3. See also Dan Moller, "Love and Death," Journal of Philosophy 104 (2007): 301–16.

112 **愛也是相同的原理**：我對於愛的看法，主要是源自 Patrick Quinn White, Love First, (PhD thesis, MIT, 2019), dspace.mit.edu/handle/1721.1/124091.

113 **只是身在其中，似乎難以理解**：請參見 Maruši , "Do Reasons Expire" 17–18，可是他把弔詭誇大了，一直在思考怎樣的感覺才合理。

113 **跟社會支持有關**：Bonanno, Other Side of Sadness, 75–76.

114 **西非的達荷美王國**：Bonanno, Other Side of Sadness, 163–64.

114 **用紙紮的人和物品陪葬**：Bonanno, Other Side of Sadness, 171–74.

114 **「父母或六歲以上的孩子死亡」**：David Konstan, The Emotions of the Ancient Greeks (Toronto: University of Toronto Press, 2006), 252.

114-115 **沒有合乎常理的回應**：Konstan, Emotions of the Ancient Greeks, 247, 253.

115 **綜觀西方歷史**：這一段引用自 Philippe Ariès, Western Attitudes toward Death: From the Middle Ages to the Present (Balti more, MD: Johns Hopkins University Press, 1974).

115 **第一次世界大戰**：Geoffrey Gorer, Death, Grief, and Mourning in Contemporary Britain (New York: Doubleday, 1965).

119 **「我應該仿效 L，把家裡打掃乾淨嗎？」**：Lydia Davis, "How Shall I Mourn Them?" The Collected Stories of Lydia Davis (New York: Picador, 2009), 697–99.

119 **「怎樣才是哀悼『完成』」**：Barnes, "Loss of Depth," 125–26.

CHAPTER 4 失敗

121 **充滿哲學共鳴和創新用語**：Kieran Setiya, "Going Deep: Baseball and Philosophy,"*Public Books*, October 23, 2017, www.publicbooks.org/going- deep- baseball- and- philosophy.

122-123 **「我們就算只記著」**：James Richardson, *Vectors: Aphorisms & Ten- Second Essays* (Keene, NY: Ausable Press, 2001), 91.

123 **「既沒有」**：Joe Moran, *If You Should Fail: A Book of Solace* (London: Viking, 2020), 148– 49.

124 **社會失敗的偉大研究**：Christopher Hill, *The Experience of Defeat* (London: Verso Books, 1984).

125 **綁在一起的那個結**：Joshua Prager, *The Echoing Green: The Untold Story of Bobby Thomson, Ralph Branca, and the Shot Heard Round the World* (New York: Vintage, 2006).

126 **「那天早上」**：Prager, *Echoing Green*, 215.

126 **「於是，德羅許爾」**：Prager, *Echoing Green*, 7, 11, 13.

127 **「我們對失敗」**：Moran, *If You Should Fail*, 4.

128 **最常對此發表批評**：Galen Strawson, "A Fallacy of Our Age,"*Things That Bother Me: Death, Freedom, the Self, Etc.* (New York: New York Review Books, 2018); 這篇文章將下面這篇斯特勞森的經典論述改編成比較容易閱讀的版本："Against Narrativity,"*Ratio* 17 (2004): 428–52.

128 **「我們每個人都會」**：Oliver Sacks, *The Man Who Mistook His Wife for a Hat* (New York: Touchstone, 1985), 110.

128 **「我們變成了」**：Jerome Bruner, "Life as Narrative,"*Social Research* 54 (1987), 11– 32, 15.

128 **哲學界的「殺手打線」**：Alasdair MacIntyre, *After Virtue* (South Bend, IN: Notre Dame University Press, 1981); Daniel Dennett, "Why Everyone Is a Novelist,"*Times Literary Supplement*, September 16, 1988; Charles Taylor, *The Sources of the Self* (Cambridge, MA: Harvard University Press, 1989); Paul Ricoeur, *Oneself as Another* (1990), trans. Kathleen Blamey (Chicago: University of Chicago Press, 1992).

128 **「正在上演的故事。」**：Taylor, *Sources of the Self*, 47.

128 **「都是小說大師」**：Dennett, "Why Everyone Is a Novelist."

129 **「我完全不覺得」**：G. Strawson, "A Fallacy of Our Age," 51.

129 **老斯特勞森較為人所知的**：請參見：P. F. Strawson, "Freedom and Resentment,"*Proceedings of the British Academy* 48 (1962): 187–211; P. F. Strawson, *Individuals* (London: Routledge, 1959).

129 **蓋倫很早熟：**G. Strawson, “Introduction,”*Things That Bother Me*, 13.
130 **第一個元素認為：**G. Strawson, “The Unstoried Life,”*Things That Bother Me*, 178: “I don't think everyone stories themselves, and I don't think it's always a good thing.”
130 **斯特勞森舉了幾個享有盛名的前人為例：**G. Strawson, “A Fallacy of Our Age,” 50.
131 **比爾・威克：**請參見：Bill Veeck, with Ed Linn, *Veeck as in Wreck: The Autobiography of Bill Veeck*(New York: Putnam, 1962).
131 **以梅鐸為例，她攻讀過古典文學：**關於梅鐸的生平，我的參考資料取自：Peter J. Conradi, *Iris Murdoch: A Life* (New York: Norton, 2001).
132 **她的第一本小說：**Iris Murdoch, *Under the Net* (London: Chatto&Windus, 1954).
132 **「數不盡的意圖和魅力」：**Iris Murdoch, “Literature and Philosophy: A Conversation with Bryan Magee,” in *Existentialists and Mystics: Writings on Philosophy and Literature*, ed. Peter J. Conradi (London: Chatto&Windus, 1997), 4.
132 **「行動者、行動」：**Bruner, “Life as Narrative,” 18. 布魯納的參考資料取自：Kenneth Burke, *The Grammar of Motives* (New York: Prentice- Hall, 1945).
132-133 **「數世紀以來」、「不斷上漲」、「是不是有點像男性的生殖器官」：**Jane Alison, *Meander, Spiral, Explode* (New York: Catapult, 2019), 6.
133 **故事可能蜿蜒、盤旋：**請參見：Alison, *Meander, Spiral, Explode*, 21–23.
133 **搭手扶梯的過程：**Nicholson Baker, *The Mezzanine* (New York: Grove Press, 1988).
134 **通往自我理解、自我形塑的道路：**關於這個主張，請見：Helena de Bres, “Narrative and Meaning in Life,”*Journal of Moral Philosophy* 15 (2018): 545– 71, 雖然她也承認還有其他方式可以實現自我理解。關於我們總是不斷需要擁有自己本質的所有權這件事，也請見：RahelJaeggi, *Alienation*, trans. Frederick Neuhouser and Alan E. Smith, ed. Frederick Neuhouser (New York: Columbia University Press, 2014).
134 **「把任何人生形容成」：**Moran, *If You Should Fail*, 146.
135 **「簡言之」：**Baker, *Mezzanine*, 120.
135 **充滿插曲的豐富性：**想要了解更多，請見：Kieran Setiya, *Midlife: A*

Philosophical Guide (Princeton, NJ: Princeton University Press, 2017), Chapters 3 and 4.

136 **我出現中年危機**：請參見：Setiya, *Midlife*, Chapter 6.

136 **探討「活在當下」的這個概念**：Kieran Setiya, "The Problem of 'Living in the Present,'"*New York Times*, September 11, 2017.

138 **「和挫折成為一體」**:Bhagavad Gita, trans. Laurie L. Patton (London: Penguin, 2008), 29.

138 **《白癡》的書寫史**：請見：Gary Saul Morson, "Return to Process: The Unfolding of *The Idiot*,"*New Literary History* 40 (2009): 843– 65, 856; 這個段落的其他資訊都來自這篇精彩的文章。

138 **「絕對美好的男子」**：Dostoevsky quoted in Joseph Frank, *Dostoevsky: The Miraculous Years, 1865– 1871* (Princeton, NJ: Princeton University Press, 1995), 271.

139 **「上一章描述的事件」**：Fyodor Dostoevsky, *The Idiot* (1869), trans. Richard Pevear and Larissa Volokhonsky (New York: Vintage, 2001), 572– 73.

140 **沒有導引架構**：請參見：Morson, "Return to Process," 854.

141 **「噢！你可以」**：Dostoevsky, *The Idiot*, 394.

142 **「快樂不在於」**：Fyodor Dostoevsky, *A Writer's Diary: Volume One, 1873– 1876*, trans. Kenneth Lantz (Evanston, IL: Northwestern University Press, 1993), 335.

142-143 **因為「在學習時」、「一種行為」**：Aristotle, *Metaphysics* (9.6, 1048b18– 34), as translated in AryehKosman, *The Activity of Being* (Cambridge, MA: Harvard University Press, 2013), 40.

143 **語言學的術語**：Bernard Comrie, *Aspect* (Cambridge: Cambridge University Press, 1976), §2.2.

144 **《薄伽梵歌》似乎**：Bhagavad Gita, 29.

145 **「但，你在」**：Aristotle, *Metaphysics* (9.6, 1048b18– 34), as translated in Kosman, *Activity of Being*, 40.

146 **「我在這裡來到盡頭」**：引用自：John Gurney, *Gerrard Winstanley: The Digger's Life and Legacy* (London: Pluto Press, 2012), 73.

146-147 **「精疲力盡，完全幻滅」**：Hill, *Experience of Defeat*, 39.

147 **一首民謠**：Leon Rosselson, "The World Turned Upside Down,"*That's Not the Way It's Got to Be*, with Roy Bailey (Fuse Records, 1975).

147 **成為我的靠山**：Billy Bragg, "The World Turned Upside Down,"*Between the Wars* EP (Go! Records, 1985).

147 **丹尼・魯賓（Danny Rubin）**：*Groundhog Day* (Columbia Pictures, 1993), directed by Harold Ramis, screenplay by Danny Rubin and Harold Ramis.

149 **謹慎計算**：更多細節請見：Simon Gallagher, "Just How Many Days Does Bill Murray REALLY Spend Stuck Reliving Groundhog Day,"*WhatCulture*, February 2, 2011, whatculture.com/film/just-how- many- days- does- bill- murray- really- spend- stuck- reliving-groundhog- day.

150 **佛教哲學**：我針對佛教所做的論述取自下面這部著作：Donald S. Lopez, Jr.: *The Story of Buddhism: A Concise Guide to Its History and Teachings* (New York: HarperCollins, 2001) and *The Scientific Buddha: His Short and Happy Life* (New Haven, CT: Yale University Press, 2012).

151 **冥想是讓自己**：Setiya, *Midlife*, 145– 54. 這跟佛教透過冥想的方式達到無我境界的做法非常不一樣。

152 **用來指涉一個人**：Scott A. Sandage, *Born Losers: A History of Failure in America* (Cambridge, MA: Harvard University Press, 2005), 11–12. See also Moran, *If You Should Fail*, 26.

152 **「不只是銀行餘額」**：Sandage, *Born Losers*, 103, 134.

152 **「一個人的好運或壞運」**：引用自：Sandage, *Born Losers*, 74.

152 **〈財富福音〉**：Sandage, *Born Losers*, 249.

153 **最受歡迎的演講**：Sandage, *Born Losers*, 222.

153 **「我不相信」、「當我們發現」**：Frederick Douglass, "Self- Made Men" (1859), *The Speeches of Frederick Douglass* (New Haven, CT: Yale University Press, 2018), 424– 25, 426.

153 **「僅有一般的能力」**：Douglass, "Self-Made Men," 428–29.

154 **「大地充滿自殺的臭味」**：引用自：Sandage, *Born Losers*, 6.

154 **「絕望之死」**：Anne Case and Angus Deaton, *Deaths of Despair and the Future of Capitalism* (Princeton, NJ: Princeton University Press, 2020).

155 **「我漸漸把街頭」**：Ta-Nehisi Coates, *Between the World and Me* (New York: One World, 2015), 33.

155 **集體監禁蘊含的不公與社會浪費：**Michelle Alexander, *The New Jim Crow: Mass Incarceration in the Age of Colorblindness* (New York: New Press, 2010).

155 **就業愈來愈兩極：**請參見：Arne L. Kalleberg, *Good Jobs, Bad Jobs: The Rise of Polarized and Precarious Employment Systems in the United States, 1970s to 2000s* (New York: Russell Sage Foundation, 2011), cited by Malcolm Harris in *Kids These Days: Human Capital and the Making of Millennials* (New York: Little, Brown, 2017), 67–68, 72– 73.

156 **不平等的狀況更加嚴重：**請參見：Harris, *Kids These Days*, 20– 24, 40–41, 75, 86.

156 **「人力資本」似乎：**同樣請參見：Harris, *Kids These Days*, 97– 101.

156 **占有式個人主義：**C. B. Macpherson, *The Political Theory of Possessive Individualism: Hobbes to Locke* (Oxford: Oxford University Press, 1962).

157 **「工作倫理」的起源，談談貪婪；社會團結：**請參見：Max Weber, *The Protestant Ethic and the Spirit of Capitalism* (1905), trans. Talcott Parsons (London: Routledge, 1930); David Wootton, *Power, Pleasure, and Profit: Insatiable Appetites from Machiavelli to Madison* (Cambridge, MA: Harvard University Press, 2018); and Waheed Hussain, "Pitting People Against Each Other,"*Philosophy and Public Affairs* 48 (2020): 79– 113.

158 **「確切來說」：**Douglass, "Self- Made Men," 419.

CHAPTER 5 不公

161 **「病得很重」：**Theodor Adorno, *Minima Moralia: Reflections from Damaged Life* (1951), trans. E. F. N. Jephcott (London: Verso Books, 1974), §128.

162 **「他發現」：**Plato, *Republic*, trans. G. M. A. Grube and C. D. C. Reeve (1992), 359d– 60a; in Plato, *Complete Works*, ed. John M. Cooper (Indianapolis: Hackett Publishing, 1997), 1000.

162 **「似乎沒有人」：**Plato, *Republic*, 360bc; Plato, *Complete Works*, 1001.

163 **格勞孔自己的憤世嫉俗**：根據演化人類學家麥克・托馬塞洛（Michael Tomasello）所蒐集的證據：「大部分的現代人類如果拿到『一枚戒指』可以讓別人看不見自己的所作所為，他們大部分的時候還是會秉持道德行事。」(*A Natural History of Human Morality* [Cambridge, MA: Harvard University Press, 2016], 160).

163 **「哲學是一場仗」、「施展魔法的」**：Ludwig Wittgenstein, *Philosophical Investigations*, trans. G. E. M. Anscombe (Oxford: Blackwell, 1953), 47, 103.

165 **可以吃的配給量**：請參見：PalleYourgrau, *Simone Weil* (London: Reaktion Books, 2011), 97, 101.

165 **「當她聽說」**：Yourgrau, *Simone Weil*, 16– 17.

165 **讓已虛弱的身體更加受不了**：請參見：Yourgrau, *Simone Weil*, 18, 41, 43, 50– 54, 86– 87.

165 **「時常累到」**：Yourgrau, *Simone Weil*, 86– 87.

166 **「真是美麗」**：Yourgrau, *Simone Weil*, 104.

166 **「亞歷山大的健康」**：Yourgrau, *Simone Weil*, 35.

166 **「穿裙子的定言令式」**：Yourgrau, *Simone Weil*, 26.

166 **「這個計畫乍看之下」**：Simone Weil, *Seventy Letters: Some Hitherto Untranslated Texts from Published and Unpublished Sources*, trans. Richard Rees (Oxford: Oxford University Press, 1965), 146, letter to Maurice Schumann, July 30, 1942.

167 **深刻的基督體驗**：Yourgrau, *Simone Weil*, 64, 68.

167 **「我們無法肯定」**：Simone Weil, *Letter to a Priest*, trans. A. F. Wills (London: Routledge, 1953), 8.

167 **教育鐵路工人**：Yourgrau, *Simone Weil*, 39.

167 **遊行和罷工；列夫・托洛斯基**：Yourgrau, *Simone Weil*, 46, 49.

167 **西班牙內戰**：Yourgrau, *Simone Weil*, 57.

167 **所扮演的角色**：Yourgrau, *Simone Weil*, 50.

167 **「釐清思想」**：Simone Weil, "The Power of Words" (1937), in Simone Weil, *An Anthology*, ed. Siân Miles (London: Penguin, 2005), 228– 58, 242.

168 **我們不可能真正自由**：Immanuel Kant, *Groundwork of the Metaphysics of Morals* (1785), trans. Mary Gregor (Cambridge: Cambridge University Press, 1998).

169 **「想要把錢」**：Simone Weil, "Essay on the Concept of Reading," (1941/ 1946), *Late Philosophical Writings*, trans. Eric O. Springsted and Lawrence E. Schmidt (South Bend, IN: University of Notre Dame Press, 2015), 21– 28, 27.

170 **「因此，在人生」**：Weil, "Essay on the Concept of Reading," 22–23.

170 **想想被我們**：Herman Melville, *Bartleby the Scrivener* (Brooklyn: Melville House, 2004), originally published as "Bartleby, the Scrivener: A Story of Wall- Street,"*Putnam's Monthly Magazine*, November– December 1853.

170 **詮釋《巴托比》**：請參見：Leo Marx, "Melville's Parable of the Walls,"*Sewanee Review* 61 (1953): 602– 27; Robert D. Spector, "Melville's 'Bartleby' and the Absurd," *Nineteenth- Century Fiction* 16 (1961): 175– 77; Kingsley Widmer, "The Negative Affirmation: Melville's 'Bartleby,'"*Modern Fiction Studies* 8 (1962): 276– 86; Christopher W. Sten, "Bartleby the Transcendentalist: Melville's Dead Letter to Emerson,"*Modern Language Quarterly* 35 (1974): 30– 44; Louise K. Barnett, "Bartleby as Alienated Worker,"*Studies in Short Fiction* 11 (1974): 379– 85; Egbert S. Oliver, "A Second Look at 'Bartleby,'"*College English* 6 (1944– 45): 431– 39; Frederick Busch, "Thoreau and Melville as Cellmates,"*Modern Fiction Studies* 23 (1977): 239– 42; Michael Rogin, *Subversive Genealogy: The Politics and Art of Herman Melville* (New York: Knopf, 1985), 195.

170 **「人類印刷機」**：Andrew Delbanco, *Melville: His World and Work* (New York: Knopf, 2005), 214.

171 **「是在對巴托比施暴」**：Dan McCall, *The Silence of Bartleby* (Ithaca, NY: Cornell University Press, 1989), 98.

171 **「我看見那個人了」**：Melville, *Bartleby*, 15.

171 **「無力地反叛、溫和地恣意妄為」**：Melville, *Bartleby*, 29, 30, 33.

171 **「極度沉著」**：Melville, *Bartleby*, 15, 17.

172 **「冒失放肆」、「她發現 D」**：Iris Murdoch, *The Sovereignty of Good* (London: Routledge, 1970), 16– 17.

172 **「毫無人情味的類科學知識」**：Murdoch, *Sovereignty*, 37.

173 **「我們愈是能夠」**：Murdoch, *Sovereignty*, 64.

173 **「利他主義者看世界的方式很不一樣」**：Kristen Monroe, *The Heart of Altruism: Perceptions of a Common Humanity* (Princeton, NJ: Princeton University Press, 1996), 212.

173 **「我們的思想總是」**：Simone Weil, *Waiting for God*, trans. Emma Craufurd (London: Routledge, 1951), 118.

174 **我們發現，愛原來是**：J. David Velleman, "Love as a Moral Emotion,"*Ethics* 109 (1999): 338– 74. See also Kieran Setiya, "Love and the Value of a Life,"*Philosophical Review* 123 (2014): 251– 80.

174 **「在人類之中」**：Simone Weil, *Gravity and Grace* (1947), trans. Emma Craufurd and Mario von der Ruhr (London: Routledge, 1952), 64.

174 **「友誼具有一些普世意涵」**：Weil, *Waiting for God*, 206.

175 **「愛是對個人的認知」**：Iris Murdoch, "The Sublime and the Good" (1959), *Existentialists and Mystics: Writings on Philosophy and Literature*, ed. Peter J. Conradi (London: Chatto&Windus, 1997), 205– 20, 215.

175 **「難以消除的龐大自我」**：Murdoch, *Sovereignty*, 51.

175 **「道德哲學家的任務」**：Iris Murdoch, "Vision and Choice in Morality" (1956), *Existentialists and Mystics*, 76– 98, 90.

176 **約翰・羅爾斯**：請參見 John Rawls, *A Theory of Justice* (Cambridge, MA: Harvard University Press, 1971).

176 **羅爾斯認為，政治哲學**：我的詮釋大致上依循以下這份文獻：A. John Simmons, "Ideal and Nonideal Theory,"*Philosophy and Public Affairs* 38 (2010): 5– 36, and Ben Laurence, "Constructivism, Strict Compliance, and Realistic Utopianism,"*Philosophy and Phenomenological Research* 97 (2018): 433– 53.

177 **「寫實烏托邦」**：John Rawls, *The Law of Peoples, with "The Idea of Public Reason Revisited"*(Cambridge, MA: Harvard University Press, 1999), 7, adapting Jean- Jacques Rousseau, *On the Social Contract* (1762), trans. Donald A. Cress (Indianapolis: Hackett Publishing, 1987).

177 **朝烏托邦的目標努力**：Simmons, "Ideal and Nonideal Theory," 21–22.

177 **美國的過去和現在**：例如，可以參見：David I. Roediger, *How Race Survived U.S. History: From Settlement and Slavery to the Obama Phenomenon* (London: Verso Books, 2008).

177 **察覺得到不公**：關於理想理論的局限，請見：Amartya Sen, "What Do We Want from a Theory of Justice,"*Journal of Philosophy* 103 (2006): 215– 38.

177 **迫害結構**：Charles Mills, " 'Ideal Theory' as Ideology," *Hypatia*20 (2005): 165– 84.

178 **「批判理論」**：關於批判理論的歷史，請見：Stuart Jeffries, *Grand Hotel Abyss: The Lives of the Frankfurt School* (London: Verso Books, 2016).

178 **不可能得知**：人類學提供了一些可能有關但尚未確鑿的證據，請見：James Suzman, *Work: A Deep History, from the Stone Age to the Age of Robots* (New York: Penguin Press, 2021); 以下文獻是個重要的初期研究：Marshall Sahlins, *Stone Age Economics* (London: Routledge, 1974).

179 **「一個解放的社會」；「人類潛力獲得實現」；「才有溫柔存在」**：Adorno, *Minima Moralia,* §100. 理解阿多諾的觀點時，以下文獻對我很有幫助：Fabian Freyenhagen, *Adorno's Practical Philosophy: Living Less Wrongly* (Cambridge: Cambridge University Press, 2013).

179 **「有效利他主義」**：請參見：William MacAskill, *Doing Good Better: Effective Altruism and a Radical New Way to Make a Difference* (London: Faber and Faber, 2015), and Peter Singer, *The Most Good You Can Do: How Effective Altruism Is Changing Ideas about Living Ethically* (New Haven, CT: Yale University Press, 2015).

180 **忽視政治**：請參見：Amia Srinivasan, "Stop the Robot Apocalypse,"*London Review of Books*, September 24, 2015.

180 **「社會連結模型」**：Iris Marion Young, *Responsibility for Justice* (Oxford: Oxford University Press, 2011).

181 **「助長了不公的結果」**：Young, *Responsibility for Justice*, 105.

182 **財產中位數**：Neil Bhutta, Andrew C. Chang, Lisa J. Dettling, and Joanne W. Hsu, with assistance from Julia Hewitt, "Disparities in Wealth by Race and Ethnicity in the 2019 Survey of Consumer

Finances," September 28, 2020, www.federalreserve.gov/econres/notes/feds- notes/disparities-in-wealth-by-race- and-ethnicity-in-the- 2019- survey-of-consumer- finances- 20200928.htm.

182 **美洲原住民的數據**：Jay L. Zagorsky, "Native Americans' Wealth," in *Wealth Accumulation & Communities of Color in the United States: Current Issues*, eds. Jessica Gordon Nembhard and NginaChiteji (Ann Arbor: University of Michigan Press, 2006), 133– 54, 140.

182 **「有一個幾乎不可能」**：Adorno, *Minima Moralia*, §34.

182 **「不是守舊」；「為結構不公負起責任」**：Young, *Responsibility for Justice*, 112.

182 **「如果我要」**：Young, *Responsibility for Justice*, 123.

183 **對於像我這樣**：Ben Laurence, "The Question of the Agent of Change,"*Journal of Political Philosophy* 28 (2020): 355– 77.

184 **攝氏兩度；中非降雨量；南亞和中亞**：Mark Lynas, *Our Final Warning: Six Degrees of Climate Emergency* (London: Fourth Estate, 2000), 76, 92– 93, 96– 97.

184 **時間拉回一九九〇年；再把時間拉回現在**：請參見：Climate Watch, "Historical GHG Emissions, "www.climatewatchdata.org./ghg-emissions source= CAIT.

184 **而在撒哈拉以南的非洲**：Lynas, *Our Final Warning*, 91.

185 **麻省理工有個班級**：請參見：David Chandler, "Leaving Our Mark," MIT News, April 16, 2008, news.mit.edu/2008/footprint- tt0416.

185 **自己的碳足跡**：請參見：Geoffrey Supran and Naomi Oreskes, "Rhetoric and Frame Analysis of ExxonMobil's Climate Change Communications,"*One Earth* 4 (2021): 696– 719, 712.

185 **藍色的警示帶**：更多細節請見麻省理工零化石燃料發布的新聞稿："Four- Mile 'Global Warming Flood Level' Demonstration Makes Waves Across MIT Campus," April 29, 2014, www.fossilfreemit.org/wp-content/uploads/2014/05/MIT- Press- Advisory- Fossil- Free- MIT- Climate- Change- Demonstration.pdf.

186 **氣候變遷對話**："Report of the MIT Climate Change Conversation Committee: MIT and the Climate Challenge," June 2015, sustainability.mit.edu/sites/default/files/resources/2018-09/mit_

climate_ change_ conversation_ report_ 2015_ 0.pdf.

186 **第一個氣候行動計畫**："A Plan for Action on Climate Change," October 21, 2015, web.mit.edu/climateaction/ Climate Change Statement- 2015Oct21.pdf.

186 **大衛·柯克**："David H. Koch, Prominent Supporter of Cancer Research at MIT, Dies at 79," MIT News, August 23, 2019, news.mit.edu/2019/david- koch- prominent- supporter- cancer- research-mit- dies- 79- 0823.

187 **協助舉辦；校長室外**："A Response to President Reif's Announced 'Plan for Action on Climate Change,'" November 3, 2015, web.mit.edu/fnl/volume/282/climate.html; Zahra Hirji, "MIT Won't Divest, but Students End Protest After Compromise," March 3, 2016, insideclimatenews.org/news/03032016/mit- not- divest-students- sit-in-fossil- fuel- investment- climate- policy.

189 **「哲學家只是」**：Karl Marx, "Theses on Feuerbach" (1845), in *Karl Marx: Selected Writings*, ed. David McLellan (Oxford: Oxford University Press, 2000), 171– 74, 173.

189 **「不公與迫害」**：Laurence, "The Question of the Agent of Change," 376.

189 **生於法蘭克福**：Stefan Müller- Doohm, *Adorno: A Biography* (2003), trans. Rodney Livingstone (Cambridge: Polity, 2005), 13– 16.

189 **貝多芬的鋼琴曲目；跟阿班·貝爾格（Alban Berg）學作曲**：Müller-Doohm, *Adorno*, 28, 98.

189 **前往牛津；批評爵士樂的文章**：Müller- Doohm, *Adorno*, 178, 199.

190 **「太平洋的威瑪」**：參見：Jeffries, *Grand Hotel Abyss*, 224.

190 **「我們漸漸忘記」**：Adorno, *Minima Moralia*, §21.

191 **「哲學家過去」**：Adorno, *Minima Moralia*, Dedication.

191 **同時代的格奧爾格·盧卡奇**：GyörgyLukács, *The Theory of the Novel* (1920), trans. Anna Bostock (Cambridge, MA: MIT Press, 1971), 22.

192 **打電話叫警察；「露出胸部」**：Jeffries, *Grand Hotel Abyss*, 345, 347.

192 **「他說」**：引用自：Jeffries, *Grand Hotel Abyss*, 321.

192 **十大通緝要犯**：請參見：Jeffries, *Grand Hotel Abyss*, 321.

192 **取代反抗**：關於阿多諾的批評，請見：Gillian Rose, *The Melancholy Science: An Introduction to the Thought of Theodor W. Adorno*

(London: Verso Books, 1978), Chapter 7.

193 **「錯誤的人生無法」**：Adorno, *Minima Moralia*, §18.

193 **那些本身就遭遇不公**：請參見：Laurence, "The Question of the Agent of Change," 371– 73.

195 **「你有權利掌握你的人生」**：Richard Hugo, *The Triggering Town: Lectures and Essays on Poetry and Writing* (New York: Norton, 1979), 65.

195 **「生存價值」**：請參見：Kieran Setiya, *Midlife: A Philosophical Guide* (Princeton, NJ: Princeton University Press, 2017), Chapter 2.

196 **「人類的小事」**：ZenaHitz, "Why Intellectual Work Matters,"*Modern Age* 61 (2017): 28– 37.

196 **「從未餓過肚子」**：這則軼事引用自：Yourgrau, *Simone Weil*, 40.

CHAPTER 6 荒謬

197 **尚－保羅．沙特所說的「極度厭惡感」**：Jean- Paul Sartre, *Nausea* (1938), trans. Lloyd Alexander (New York: New Directions, 2007).

198 **「直到過去」、「存在處處皆是、毫無止盡」**：Sartre, *Nausea*, 127, 133.

198 **「為什麼會存在這一切」**：Gottfried Wilhelm Leibniz, "Principles of Nature and of Grace, Based on Reason" (1714), *Philosophical Essays*, trans./eds. Roger Ariew and Daniel Garber (Indianapolis: Hackett Publishing, 1989), 206– 12, 210.

199 **「如果什麼都不存在」**：引用自：Robert M. Martin, *There Are Two Errors* in the the Title of This Book": A Sourcebook of Philosophical Puzzles, Problems, and Paradoxes (Peterborough, ON: Broadview Press, 2012), 29.

199 **這是個不可能的問題**：以下文獻以十分有趣的方式嘗試探索答案：Jim Holt, *Why Does the World Exist?: An Existential Detective Story* (New York: Liveright Publishing, 2012).

201 **沃爾夫認為**：Susan Wolf, *Meaning in Life and Why It Matters* (Princeton, NJ: Princeton University Press, 2012).

201 **「我的人生停滯了」**：Leo Tolstoy, "A Confession" (1882), *A Confession and Other Religious Writings*, trans. Jane Kentish (London: Penguin, 1987), 17– 80, 30.

203 **終極答案**：Douglas Adams, *The Ultimate Hitchhiker's Guide to the Galaxy* (New York: Del Rey, 2002).

204 **「假如我們得知」、「坦白說」、「我們應該是要」**：Thomas Nagel, "The Absurd,"*Journal of Philosophy* 68 (1971): 716– 27, 721.

204 **請回想維根斯坦所說的**：Ludwig Wittgenstein, *Philosophical Investigations*, trans. G. E. M. Anscombe (Oxford: Blackwell, 1953), 47.

205 **出自英國作家**：Thomas Carlyle, *Sartor Resartus*(1833– 1834), ed. Kerry McSweeney and Peter Sabor (Oxford: Oxford University Press, 1987), 140.

205 **「因此，這個」**：Carlyle, *Sartor Resartus*, 57– 58.

206 **「對我來說，宇宙」**：Carlyle, *Sartor Resartus*, 127.

206 **早期的存在主義者**：Søren Kierkegaard, *Either/Or: A Fragment of Life* (1843), trans. Alastair Hannay and ed. Victor Eremita (London: Penguin, 1992).

207 **留心、解釋和效果**：這種詮釋模式跟曾經在文學研究中十分流行的「懷疑的詮釋學」或「徵狀閱讀法」相反；請見：Rita Felski, *The Limits of Critique* (Chicago: University of Chicago Press, 2015).

208 **「不論宗教究竟是什麼」、「整個殘餘宇宙帶來的奇妙感受」**：William James, *The Varieties of Religious Experience* (1902), ed. Matthew Bradley (Oxford: Oxford University Press, 2012), 35.

208 **「暗示那是一個宗教」**：Albert Einstein, *The World As I See It* (1934), trans. Alan Harris (London: Bodley Head, 1935), 1.

210 **「一切萬物全是」**：Alexander Pope, *An Essay on Man* (1734), ed. Tom Jones (Princeton, NJ: Princeton University Press, 2018), 26– 27.

211 **現代哲學家將**：Susan Neiman, *Evil in Modern Thought: An Alternative History of Philosophy* (Princeton, NJ: Princeton University Press, 2002).

211 **最好的一個**：Gottfried Wilhelm Leibniz, *Theodicy: Essays on the Goodness of God, the Freedom of Man, and the Origin of Evil* (1710), trans. E. M. Huggard (New Haven, CT: Yale University Press, 1952).

211 **尚－雅客・盧梭曾想要**：See Neiman, *Evil in Modern Thought*, 37, 49– 53.

211 **「哲學應該帶來」**：G. W. F. Hegel, *Introduction to the Philosophy of*

History (1837), trans. Leo Rauch (Indianapolis: Hackett Publishing, 1988), 39.

212 **「我接受宇宙」**：James, *Varieties of Religious Experience*, 39.

212 **「有一件事眾所皆知」**：James, *Varieties of Religious Experience*, 120.

213 **拉姆齊是位神童**：他是以下這本精彩的傳記的主角：Cheryl Misak, *Frank Ramsey: A Sheer Excess of Powers* (Oxford: Oxford University Press, 2020).

213 **「我跟我一些」**:F. P. Ramsey, "Epilogue,"*Philosophical Papers*, ed. D. H. Mellor (Cambridge: Cambridge University Press, 1990), 245– 50, 249.

213 **「我面對」**：Ramsey, "Epilogue," 249–50.

214 **「世界不合理的沉默」**：Albert Camus, *The Myth of Sisyphus* (1942), trans. Justin O'Brien (New York: Vintage, 1955), 28.

215 **全體人類都變得不能生育**：P. D. James, *Children of Men* (New York: Vintage, 1992); *Children of Men*, cowritten and directed by Alfonso Cuarón (Universal Pictures, 2006).

215-216 **「先前活著的人」、「它像一種」**：James, *Children of Men*, 9.

216-217 **「人類所有未來」、「一般世界所有」**：Jonathan Schell, *The Fate of the Earth* (New York: Knopf, 1982), 115, 169.

217 **搬到哲學領域**：Samuel Scheffler, *Death and the Afterlife*, ed. Niko Kolodny (Oxford: Oxford University Press, 2013).

217 **「我認為，我們可以」**：Scheffler, *Death and the Afterlife*, 40.

217 **「集體來世」**：Scheffler, *Death and the Afterlife*, 64.

218 **「現在，愉悅感很少」**：James, *Children of Men*, 9; see Scheffler, *Death and the Afterlife*, 43.

219 **「艾維・辛格問題」**：Scheffler, *Death and the Afterlife*, 62– 64, 188– 90; *Annie Hall*, directed by Woody Allen (United Artists, 1977).

220 **人類應該自願滅亡**：Alan Weisman, *The World Without Us* (New York: St. Martin's Press, 2007), 241– 44. 我對這個看法抱持懷疑態度。關於人類以外的倫理學，柏拉圖的理型論或康德的純粹理性批判都沒有提供理論基礎；至於以人類為基礎的倫理學，則必定是以人類為中心。關於這對父母身分代表了什麼意義，請見：Kieran Setiya, "Creation: Pro(-) and Con,"*Hedgehog Review* 23 (2021): 103– 8.

221 **說到所謂的「生態悲痛」**：Ashlee Cunsolo and Neville R. Ellis, "Ecological Grief as Mental Health Response to Climate Change-

Related Loss,"*Nature Climate Change* 8 (2018): 275– 81.

221 我們還有任務要完成：關於人口倫理學如何表達這個概念，請見：Jonathan Bennett, "On Maximizing Happiness,"*Obligations to Future Generations*, eds. R. I. Sikora and Brian Barry (Philadelphia: Temple University Press, 1978), 61– 73.

224 神學先驅：John Bowker, *The Meanings of Death* (Cambridge: Cambridge University Press, 1991).

224 黑格爾認為，歷史：請參見：G. W. F. Hegel, *Lectures on the Philosophy of World History* (1857), trans. H. B. Nisbet (Cambridge: Cambridge University Press, 1975).

224 「各盡所能、各取所需」：Karl Marx, "Critique of the Gotha Programme" (1875), in *Karl Marx: Selected Writings*, ed. David McLellan (Oxford: Oxford University Press, 2000), 610– 16, 615.

226 〈論歷史的概念〉：Published as "Theses on the Philosophy of History" (1940), in Walter Benjamin, *Illuminations: Essays and Reflections*, trans. Harry Zohn and ed. Hannah Arendt (New York: Schocken Books, 1969), 253– 64.

226 「歷史的天使」眼裡；「有一陣暴風」：Benjamin, "Theses on the Philosophy of History," 257, 257– 58.

226 「世界歷史的火車頭」：引用自：Michael Löwy, *Fire Alarm: Reading Walter Benjamin's 'On the Concept of History'*, trans. Chris Turner (London: Verso Books, 2005), 66– 67.

CHAPTER 7 希望

228 「這就是柏拉圖所說的人！」：Diogenes Laertius, *Lives of the Eminent Philosophers*, trans. Pamela Mensch and ed. James Miller (Oxford: Oxford University Press, 2018), 279.

228 「浪費時間」：Diogenes the Cynic, *Sayings and Anecdotes*, trans. Robin Hard (Oxford: Oxford University Press, 2012), 32.

228 「世界公民」：Diogenes Laertius, *Lives of the Eminent Philosophers*, 288. 關於這件事的詮釋，請見：John L. Moles, "Cynic Cosmopolitanism,"*The Cynics*, ed. R. Bracht Branham and Marie-Odile Goulet- Cazé (Berkeley: University of California Press, 1996),

105– 20.

228 **「有人問」**：Diogenes, *Sayings and Anecdotes*, 68.

229 **海希奧德解釋**：「這種毒藥」：Hesiod, *Works and Days*, trans./ed. A. E. Stallings (London: Penguin, 2018), 21– 22, lines 498– 501.

230 **無法定義**：關於這則神話就連在後世也充滿不確定性的證據，請見：Dora and Erwin Panofsky, *Pandora's Box: The Changing Aspects of a Mythical Symbol* (Princeton, NJ: Princeton University Press, 1962).

231 **大致的共識**：在描述希望的本質時，以下文獻對我有所幫助：Luc Bovens, "The Value of Hope,"*Philosophy and Phenomenological Research* 59 (1999): 667– 81; Sarah Buss, "The Irrationality of Unhappiness and the Paradox of Despair,"*Journal of Philosophy* 101 (2004): 167– 96; Victoria McGeer, "The Art of Good Hope,"*Annals of the American Academy of Political and Social Science* 592 (2004): 100– 27; Ariel Meirav, "The Nature of Hope,"*Ratio* 22 (2009): 216– 33; and Adrienne M. Martin, *How We Hope: A Moral Psychology* (Princeton, NJ: Princeton University Press, 2013).

231 **那是你能完全決定的**：以下文獻特別強調這點：McGeer, "The Art of Good Hope," 103, and Meirav, "The Nature of Hope," 228– 29.

231 **「對可能發生的事產生熱切的渴望」**：Søren Kierkegaard, *Fear and Trembling: A Dialectical Lyric* (1843), trans. Robert Payne (University Park: Penn State University Press, 1939), 37.

233-234 **「希望不像」、「希望應該把你推出門」**：Rebecca Solnit, *Hope in the Dark: Untold Histories, Wild Possibilities* (Chicago: Haymarket Books, 2004; third edition, 2016), 4.

235 **「希望和啟發」**：引用自：Solnit, *Hope in the Dark*, xiv.

235 **「我要你們心慌」**：Greta Thunberg, "Our House Is On Fire,"*No One Is Too Small to Make a Difference* (London: Penguin, 2019), 24.

237 **「浮躁的熱情」**：Aquinas, *Summa Theologica*, II-I, q. 40; II-II, qq. 17– 22.

237 **「在對的時間」**：Aristotle, *Nicomachean Ethics*, trans. David Ross and ed. Lesley Brown (Oxford: Oxford University Press, 2009), 1106b20– 23.

237 **沒有將希望視為**：請參見：G. Scott Gravlee, "Aristotle on

Hope,"*Journal of the History of Philosophy* 38 (2000): 461– 77.

238 **藐視看著一片殘骸；「替代歷史的天使」**：Walter Benjamin, "Theses on the Philosophy of History" (1940), *Illuminations: Essays* and Reflections, trans. Harry Zohn and ed. Hannah Arendt (New York: Schocken Books, 1969), 253– 64, 257; Solnit, *Hope in the Dark*, 71– 72.

239 **透過「上傳」**：以下文獻提供了很棒的敘述：Mark O'Connell, *To Be a Machine: Adventures among Cyborgs, Utopians, Hackers, and the Futurists Solving the Modest Problem of Death* (New York: Anchor Books, 2017).

239 **簡單的論點**：這個論點是以下面這篇文獻的「支線實例」為基礎：Derek Parfit, *Reasons and Persons* (Oxford: Oxford University Press, 1984), Part Three, 雖然他自己的結論比這更複雜。

240 **稍微改變一下卡夫卡曾說過的話**：請參見：Max Brod, *Franz Kafka: A Biography* (Boston: Da Capo Press, 1960), 75: "Plenty of hope—— for God—— no end of hope—— only not for us."

241 **「最糟的就還沒來」**:William Shakespeare, *King Lear* (1606), ed. R. A. Foakes (London: Arden, 1997), 305.

241 **喬納森・李爾所說的「激進希望」**：Jonathan Lear, *Radical Hope: Ethics in the Face of Cultural Devastation* (Cambridge, MA: Harvard University Press, 2006), 103.

241 **艾瑞斯・梅鐸則認為**：Iris Murdoch, "Vision and Choice in Morality" (1956), *Existentialists and Mystics: Writings on Philosophy and Literature*, ed. Peter J. Conradi (London: Chatto&Windus, 1997), 76– 98, 90.

242 **生命不是**：Jane Alison, *Meander, Spiral, Explode* (New York: Catapult, 2019), 6.

242 **「就是我」**：Seamus Heaney, *The Cure at Troy: A Version of Sophocles' Philoctetes*(London: Faber and Faber, 1991), 3.

243 **斐洛克特底說道**：「好孩子，試想」：Heaney, *The Cure at Troy*, 18.

243 **「然後你要帶著」**：Heaney, *The Cure at Troy*, 73.

244 **「歷史說，不要」**：Heaney, *The Cure at Troy*, 77.

國家圖書館出版品預行編目資料

把壞日子過好：MIT教授的七堂哲學課,擺脫無能為力,找到前進的力量/基倫.賽提亞(Kieran Setiya)著；謝明珊, 羅亞琪譯. -- 初版. -- 臺北市：商周出版：英屬蓋曼群島商家庭傳媒股份有限公司城邦分公司發行, 2022.12
面； 公分
譯自：Life is hard : how philosophy can help us find our way.
ISBN 978-626-318-497-8(平裝)

1.CST: 人生哲學

191.9 111018295

BO0343

把壞日子過好

MIT教授的七堂哲學課，擺脫無能為力，找到前進的力量

原 文 書 名／Life Is Hard: How Philosophy Can Help Us Find Our Way
作 者／基倫・賽提亞 Kieran Setiya
譯 者／謝明珊、羅亞琪
選 書 企 劃／陳美靜
編 輯 協 力／葉美伶
責 任 編 輯／劉羽苓
版 權／吳亭儀、林易萱、顏慧儀
行 銷 業 務／周佑潔、林秀津、黃崇華、賴正祐、郭盈均

總 編 輯／陳美靜
總 經 理／彭之琬
事業群總經理／黃淑貞
發 行 人／何飛鵬
法 律 顧 問／台英國際商務法律事務所 羅明通律師
出 版／商周出版
臺北市 104 民生東路二段 141 號 9 樓
電話：(02) 2500-7008 傳真：(02) 2500-7759
E-mail: bwp.service @ cite.com.tw
發 行／英屬蓋曼群島商家庭傳媒股份有限公司 城邦分公司
臺北市 104 民生東路二段 141 號 2 樓
讀者服務專線：0800-020-299 24 小時傳真服務：(02) 2517-0999
讀者服務信箱 E-mail: cs@cite.com.tw
劃撥帳號：19833503 戶名：英屬蓋曼群島商家庭傳媒股份有限公司城邦分公司
訂 購 服 務／書虫股份有限公司客服專線：(02) 2500-7718；2500-7719
服務時間：週一至週五上午 09:30-12:00；下午 13:30-17:00
24 小時傳真專線：(02) 2500-1990；2500-1991
劃撥帳號：19863813 戶名：書虫股份有限公司
E-mail: service@readingclub.com.tw
香 港 發 行 所／城邦（香港）出版集團有限公司
香港灣仔駱克道 193 號東超商業中心 1 樓
E-mail: hkcite@biznetvigator.com
電話：(852) 2508-6231 傳真：(852) 2578-9337
馬 新 發 行 所／城邦（馬新）出版集團
Cite (M) Sdn. Bhd.
41, Jalan Radin Anum, Bandar Baru Sri Petaling, 57000 Kuala Lumpur, Malaysia.
電話：(603) 9057-8822 傳真：(603) 9057-6622 E-mail: cite@cite.com.my
封 面 設 計／黃宏穎
美 術 編 輯／李京蓉
製 版 印 刷／韋懋實業有限公司
經 銷 商／聯合發行股份有限公司
新北市 231 新店區寶橋路 235 巷 6 弄 6 號 2 樓
電話：(02) 2917-8022 傳真：(02) 2911-0053

■2022 年 12 月 8 日初版 1 刷

Printed in Taiwan

定價 400 元
ISBN: 978-626-318-497-8（紙本）

ISBN: 9786263184961（EPUB）

城邦讀書花園
www.cite.com.tw

商周出版

廣　告　回　函
北區郵政管理登記證
台北廣字第 000791 號
郵資已付，免貼郵票

104 台北市民生東路二段 141 號 9 樓
英屬蓋曼群島商家庭傳媒股份有限公司
城邦分公司

請沿虛線對摺，謝謝！

商周出版

書號：BO0343　書名：把壞日子過好
MIT 教授的七堂哲學課，擺脫無能為力，找到前進的力量　編碼：

請於此處用膠水黏貼

商周出版

讀者回函卡

線上版讀者回函卡

感謝您購買我們出版的書籍！請費心填寫此回函卡，我們將不定期寄上城邦集團最新的出版訊息。

姓名：＿＿＿＿＿＿＿＿＿＿＿＿＿＿＿＿　性別：☐男　☐女

生日：西元＿＿＿＿＿＿年＿＿＿＿＿＿月＿＿＿＿＿＿日

地址：＿＿＿＿＿＿＿＿＿＿＿＿＿＿＿＿＿＿＿＿

聯絡電話：＿＿＿＿＿＿＿＿＿＿　傳真：＿＿＿＿＿＿＿＿＿＿

E-mail：

學歷：☐ 1. 小學 ☐ 2. 國中 ☐ 3. 高中 ☐ 4. 大學 ☐ 5. 研究所以上

職業：☐ 1. 學生 ☐ 2. 軍公教 ☐ 3. 服務 ☐ 4. 金融 ☐ 5. 製造 ☐ 6. 資訊
☐ 7. 傳播 ☐ 8. 自由業 ☐ 9. 農漁牧 ☐ 10. 家管 ☐ 11. 退休
☐ 12. 其他＿＿＿＿＿＿＿＿＿＿＿＿

您從何種方式得知本書消息？

☐ 1. 書店 ☐ 2. 網路 ☐ 3. 報紙 ☐ 4. 雜誌 ☐ 5. 廣播 ☐ 6. 電視
☐ 7. 親友推薦 ☐ 8. 其他＿＿＿＿＿＿＿＿＿＿

您通常以何種方式購書？

☐ 1. 書店 ☐ 2. 網路 ☐ 3. 傳真訂購 ☐ 4. 郵局劃撥 ☐ 5. 其他＿＿＿

您喜歡閱讀那些類別的書籍？

☐ 1. 財經商業 ☐ 2. 自然科學 ☐ 3. 歷史 ☐ 4. 法律 ☐ 5. 文學
☐ 6. 休閒旅遊 ☐ 7. 小說 ☐ 8. 人物傳記 ☐ 9. 生活、勵志 ☐ 10. 其他

對我們的建議：＿＿＿＿＿＿＿＿＿＿＿＿＿＿＿＿＿＿＿＿

＿＿＿＿＿＿＿＿＿＿＿＿＿＿＿＿＿＿＿＿

＿＿＿＿＿＿＿＿＿＿＿＿＿＿＿＿＿＿＿＿

請於此處用膠水黏貼